科技星光

这才是我们应该追的星

边东子◎总撰稿

侯艺兵◎总摄影

时代出版传媒股份有限公司
安徽科学技术出版社

图书在版编目(CIP)数据

科技"星"光:这才是我们应该追的星 / 边东子总撰稿;侯艺兵总摄影. --合肥:安徽科学技术出版社,2021.6
(2024.11 重印)
ISBN 978-7-5337-8421-8

Ⅰ.①科…　Ⅱ.①边…②侯…　Ⅲ.①科学家-生平事迹-中国-现代　Ⅳ.①K826.1

中国版本图书馆 CIP 数据核字(2021)第 095362 号

KEJI XINGGUANG　ZHE CAI SHI WOMEN YINGGAI ZHUI DE XING
科技"星"光:这才是我们应该追的星

边东子　总撰稿
侯艺兵　总摄影

出版人:王筱文　选题策划:王筱文 余登兵　责任编辑:期源萍 田 斌
责任校对:戚革惠　责任印制:李伦洲 刘 莉　装帧设计:武 迪
出版发行:安徽科学技术出版社　　http://www.ahstp.net
(合肥市政务文化新区翡翠路 1118 号出版传媒广场,邮编:230071)
电话:(0551)63533330
印　　制:武汉鑫佳捷印务有限公司　　电话:(027)87530779
(如发现印装质量问题,影响阅读,请与印刷厂商联系调换)

开本:635×890　1/16　　印张:21.75　　字数:300 千
版次:2021 年 6 月第 1 版　　2024 年 11 月第 4 次印刷

ISBN 978-7-5337-8421-8　　　　　　　　　定价:46.00 元

"两弹一星"功勋奖章

　　"两弹一星"功勋奖章是中共中央、国务院、中央军委于1999年新中国成立50周年前夕，为表彰23位对"两弹一星"事业做出卓越贡献的科学家而颁发的奖章。奖章直径8厘米，用99.9％纯金打造，重515克，是国家最高等级奖章。"两弹"是指核弹（原子弹、氢弹）和导弹，"星"指人造地球卫星。

"两弹一星"功勋奖奖牌

国家最高科学技术奖奖章　　　中华人民共和国国家科学技术奖励证书

　　国家最高科学技术奖于 2000 年由中华人民共和国国务院设立，由国家科学技术奖励工作办公室负责，是中国五个国家科学技术奖中最高等级的奖项。

　　共和国勋章是中华人民共和国的最高荣誉勋章，由全国人民代表大会常务委员会决定，中华人民共和国主席授予。该勋章于 2016 年 1 月 1 日正式设立。

共和国勋章

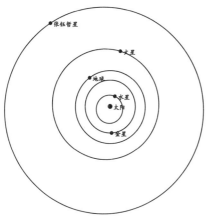

(2051)张钰哲星 空间轨道根数

(2000.0 黄道及春分点)

吻切历元时刻：	2020年5月31日零时（历书时）	
轨道半长径：	2.8416372	天文单位
轨道偏心率：	0.0759832	
轨道倾角：	1.35578	度
升交点黄经：	215.08064	度
近日点角距：	175.51178	度
平近点角：	38.06221	度
绕日运行周期：	4.7901923	年

2021年1月27日冲日时，(2051) 张钰哲星距离地球 2.79 亿公里

(2051) 张钰哲星到太阳的平均距离为 4.24 亿公里

张钰哲星星图　星编号：2051

命名日：1978 年 8 月 1 日

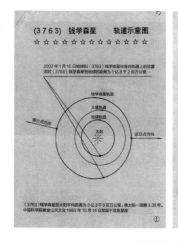

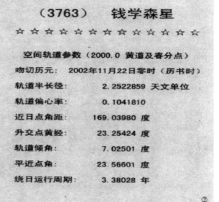

钱学森星星图　星编号：3763

命名日：2001 年 12 月 21 日

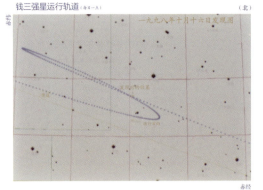

钱三强星运行轨道图　星编号：25240
命名日：2003 年 10 月 17 日

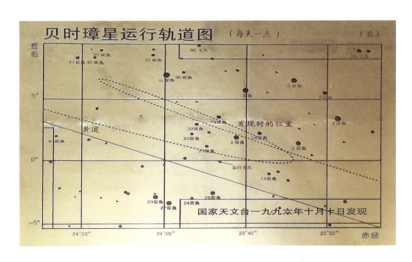

贝时璋星运行轨道图　星编号：36015
命名日：2003 年 10 月 10 日

序一

民族复兴路,科技为先导

科学技术是生产力中最活跃的因素和社会发展的主要动力。人类社会发展的历史已充分证明,科学技术的水平与创新能力日益成为国家综合实力的关键因素。正是为了永久纪念历代科技巨星彪炳史册的创造、创新和发现、发明对人类文明与社会进步的巨大贡献,国际小行星中心命名委员会采用这些科技巨擘的名字来命名在浩茫宇宙中翱翔的小行星。

该书选录了新中国成立以来由国际小行星中心命名委员会命名的我国近现代著名科学家,包括"两弹一星"功勋奖章获得者、国家最高科学技术奖获得者、共和国勋章获得者等,如"飞天之星"钱学森,"'鹊桥'之星"叶培建,"杂交水稻之星"袁隆平,"'天眼'之星"南仁东……书中通过"星人物""星编号""发现日""命名日""发现者"和"星成就""星荣誉""星金句"等栏目,介绍每位科学家的生平、求索历程、科研成就、所获殊荣、人生感悟,大力弘扬"解放思想、实事求是、与时俱进、求真务实"的科学精神,倾情讴歌"胸怀祖国、服务人民，勇攀高峰、敢为人先，追求真理、严谨治学，淡泊名利、潜心研究，集智攻关、团结协作，甘为人梯、奖掖后学"的科学家精神。

浩瀚星空，群星闪耀，用人名命名一颗小行星以纪念一位科学家一生的伟大成就，这是对科学家的最高礼赞，也是对后人最好的激励！请记住这些闪亮的名字：钱学森、袁隆平、孙家栋、南仁东……他们的殷殷爱国情、拳拳报国志以及高强的报国本领，正是中华民族生生不息、薪火相传的"精神密码"：这些璀璨星光犹如一座座灯塔，照亮了我们通向光明彼岸的方向和路径，点燃了我们自强自立的精神之火，指引了我们自主命运与捍卫尊严的主航道，增强了我们由科技进步所加持的文化自信——启迪了我们人生价值取向的应选坐标！

"一个民族有一群仰望星空的人，他们才有希望。"一代人有一代人的奋斗，一个时代有一个时代的担当。我期待广大青少年朋友时常仰望苍穹，聚焦科技之星，追寻科技之星，用"科学精神"对标前行的航向，从"科学家精神"中汲取养分，树立献身科学的理想信念，练就过硬的本领，在实现"两个一百年"的奋斗目标和中华民族伟大复兴的征程中体现自己的人生价值。

中国工程院原副院长
中国工程院院士　　杜祥琬
国家能源咨询专家委员会副主任

序二

初识小行星,追寻好榜样

2006年,国际天文学联合会(IAU)重新对行星定义,将太阳系天体分成行星、矮行星和太阳系小天体。小行星隶属于太阳系小天体,具有以下特点:①围绕太阳运行的岩石或金属天体;②质量较小而不足以保有流体静力学平衡的形状;③未能清除轨道附近的其他天体。自从1801年意大利天文学家皮亚齐发现了1号小行星以来,人类通过观测发现的小行星数量越来越多,截至目前,已经有百万颗之众。

小行星在太阳系中的分布范围可以从地球轨道以内一直到土星轨道以外。依据它们的轨道划分,主要有以下几种类型:①主带小行星。位于火星和木星的轨道之间,占小行星总量的绝大多数。它们到太阳的平均距离为2~4天文单位(1天文单位约合1.5亿千米)。②近地小行星。与太阳最小距离小于1.3天文单位的为近地小行星。③脱罗央小行星。聚集于太阳—大行星的三角平动点附近的小行星,尤以木星的脱罗央小行星为最多。除了这些聚集区外，还有大量小行星充斥在广袤的太阳系中。小行星的物质成分和物理特性也呈现丰富的多样性。根据小行星的反射光谱，可将小行星分成碳质（C型）、石质（S型）和金属质（M型）等类型。不同的类型反映它们经历了不同的演化历程。

在天文史上，小行星的发现是一个重要的里程碑。相比于行星，小行星的演化程度小，被认为是太阳系演化过程中的活化石，可以为行星的形成和早期演化提供宝贵的信息；而部分小行星存在撞击地球的潜在威胁，更加受到科学界和公众的关注。迈入航天时代的今天，小行星的探测成为行星际探测的热门领域之一，这对理解地球生命起源、宇宙资源开发等方面意义深远。

小行星本身并不发光，需要反射太阳光来被观测到。小行星的视亮度由日心距（与太阳的距离）、地心距（与地球的距离）、相位角（太阳—小行星—地球构成的角度）和小行星的大小、形状、反照率等因素共同决定，而且还会随着小行星位置的变化而变化。天文观测正是利用了它们与恒星不一样的视运动特性，通过不同时刻的观测来寻找它们。20世纪，中国科学院紫金山天文台的60厘米口径反射望远镜、40厘米口径双筒折射望远镜，国家天文台的BATC望远镜都曾为小行星观测研究做出了重要贡献。目前，紫金山天文台的近地天体望远镜接过了小行星观测的接力棒，夜复一夜地巡天搜星，将我国小行星观测研究工作提升到新的高度。

中国自古就有将一些名留史册的人赋予神话色彩的习俗，其中一种重要的方式就是将人和天上的星宿建立关系，说此人是某某星下凡，然而这仅是一种朴素的愿望罢了。但是，随着近代天文学的发展，特别是小行星的发现，这种愿望成了"现实"。小行星也成为唯一一类可以由发现者提名，并经国际组织审议批准，从而得到国际公认名字的天体。通常，新发现的小行星先被分配一个临时编号，当积累了足够的观测信息且小行星的轨道足够准确后，国际小行星中心按顺序给予永久编号，这个过程可能需要几年，甚至几十年。小行星获得永久编号后，可以提出为其命名，并由IAU下设的命名委员会审议通过。由此可见，小行星从发现到命名的整个过程十分漫长。正是由于小行星命名的严肃性、唯一性和永久不可更改性，使得获得小行星命名成为世界公认的一项殊荣。

其实，小行星的命名范围也一直在变化，早年发现的小行星大多用古希腊神话中神的名字命名，后来随着小行星数量的增多，一些国家、城市的名称和知名人士的名字纷纷上了"天界"，成为小行星的名字。以人名命名小行星，旨在彰显这些人在科学、教育、文化和社会发展等事业中所做出的贡献，表达社会对他们的敬重。

此书中收录了我国著名科学之星的故事，包括"两弹一星"功勋奖章获得者、国家最高科学技术奖获得者、共和国勋章获得者等，他们是中华民族的脊梁和时代的楷模。2020年9月11日，习近平总书记在科学家座谈会上指出："科学成就离不开精神支撑。科学家精神是科技工作者在长期科学实践中积累的宝贵精神财富。"以这些著名科学家的名字来命名小行星,是对他们的科学成就和科学家精神的最好诠释。书写他们的"星"故事,是对他们的科学家精神的进一步传播。

中国科学院紫金山天文台研究员、博士生导师
中国科学技术大学教授、博士生导师   赵海斌

序三

眼里有"星"光，心中有向往

少年强，则国强；少年智，则国智。青少年时期是一个人身体逐渐成熟、精神世界逐渐丰富的重要阶段。在此阶段形成的价值取向，将深刻影响他们的思维方式和行为方式，决定其今后的职业选择，乃至人生的运行轨迹。

青少年追求独立、崇尚自由，但同时又好冲动，容易受到社会不良风气的影响。当下的网络上，娱乐八卦、网红直播、明星话题等占据了主要流量，吸引了很多注意力。其中有些人的价值观扭曲，缺少社会责任感，如果我们追这样的"星"，就有可能被他们带歪。因此，崇尚什么、追求什么，不仅关系个人的前途与命运，更事关国家与民族的未来。

科技兴，则国兴；科技强，则国强。中国未来的发展，很大程度上取决于科技创新能力的提升。正如习近平总书记在《努力成为世界主要科学中心和创新高地》的重要文章中强调："科学技术从来没有像今天这样深刻影响着国家前途命运，从来没有像今天这样深刻影响着人民生活福祉。"崇尚科技,追求创新,无疑是今日中国共同推崇的主流价值观之一。

该书遴选的科学家,包括"两弹一星"功勋奖章获得者、国家最高科学技术奖获得者、共和国勋章获得者等。他们在各自的科研领域获得了创造性的重要成果,为科技事业的发展做出了卓越贡献。他们爱国、奉献、求实、创新,既是"科学精神"的践行者,也是"科学家精神"的榜样。这些科学家都各自有一颗以他们的名字命名的小行星,是名副其实的科技之星。

在我写这篇序言的时候,突闻中国杂交水稻之父、中国工程院院士袁隆平,中国肝胆外科之父、中国科学院院士吴孟超相继去世的噩耗,一日痛失双星,一时情不能已。两位科学家,一位让我们吃饱饭,一位护佑我们的健康,都获得了国家最高科学技术奖。但比这更重要的,是他们留下的宝贵精神遗产。

袁隆平说,我一生的追求,就是让中国人吃饱饭。他做过"禾下乘凉梦":水稻有高粱那么高,穗子有扫帚那么长,籽粒有花生那么大,他在稻穗下乘凉。

吴孟超直到96岁,依然站在手术台上。他说,如果有一天我要倒下去,就让我倒在手术室吧,这是我一生最大的幸福。

国士无双,两位先生都是我们的榜样。

浩瀚苍穹,繁星点点,科技"星"光无疑璀璨夺目、闪耀寰宇,因为它揭开了人类探究未知世界的面纱,指引了国家富强、社会进步的方向,为我们树立了"忠诚、奉献,担当、负责,敬业、不辱使命"的人生价值取向。我真诚希望广大青少年朋友既要仰望星空,树立远大理想,又要脚踏实地,不负时代重托,不负青春韶华,努力学习科技知识,用科技"星"光,驱散我们人生道路上的重重迷雾。

中国科学院国家天文台研究员
中国科普作家协会副理事长
中国科学技术大学兼职教授
"火星叔叔"

目　录

序一　民族复兴路,科技为先导　　　　　　　　　　杜祥琬

序二　初识小行星,追寻好榜样　　　　　　　　　　赵海斌

序三　眼里有"星"光,心中有向往　　　　　　　　　郑永春

地质之星——李四光　解读石头的人　　　　　　　　001

物候之星——竺可桢　熟谙大自然语言的人　　　　　007

桥梁之星——茅以升　弄潮人和建桥师　　　　　　　013

"中华"之星——张钰哲　永不熄灭的星　　　　　　　019

生命之星——贝时璋　用一生探索生命　　　　　　　025

观星之星——程茂兰　望星空　　　　　　　　　　　031

核能之星——王淦昌　为祖国获取能量　　　　　　　037

造星之星——赵九章　用生命托起星星　　　　　　　043

闪耀双星——郭永怀　善于冲破障碍的人　　　　　　049

遗传学之星——谈家桢　中国的"摩尔根"　　　　　　057

飞天之星——钱学森　圆了中国飞天梦　　　　　　　063

"种星"之星——戴文赛　"种星星"的人　　　　　　　069

力学之星——钱伟长　物理不及格的物理学家　　　　075

核科学领军之星——钱三强　他组建的队伍"满门忠烈"　081

驭光之星——王大珩　让中国光学放光　087

核理论之星——彭桓武　他为什么拒收奖章　093

结构化学之星——卢嘉锡　先生之风,山高水长　099

气象之星——叶笃正　勇于创新,敢于超越　105

测星之星——陈芳允　10929和"北斗"　111

植物学之星——吴征镒　植物学的"活电脑"　117

高原之星——刘东生　站在"三极"之上　125

合金之星——师昌绪　为了更高更快更强　131

数学巨星——吴文俊　永恒的数学,永恒的笑　137

半导体之星——黄昆　让物理学领域闪耀着中国人的名字　143

驭星之星——杨嘉墀　创新是他的主旋律　149

加速器之星——谢家麟　为中国加速　155

建筑之星——吴良镛　美轮美奂手中出　161

肝胆之星——吴孟超　勇闯禁区　167

中华科技之星——杨振宁　首夺诺贝尔奖的华人科学家　173

科学启明星——王绶琯　热心科普的大科学家　179

石化之星——闵恩泽　催生催化剂的人　185

力量之星——郑哲敏　爆炸也是创造　191

克癌之星——王振义　独辟蹊径降癌魔　199

核弹帅星——朱光亚　中国核弹研制的引领者　205

神经外科之星——王忠诚　敢于在深渊上走钢丝的人　213

数学之星——谷超豪　数学和诗　219

古代科技史之星——席泽宗　检视古老的星星　225

时间之星——叶叔华　比宇宙还大的是什么　231

光与热之星——张存浩　驾驭光与热的人　237

飞天之星——孙家栋　一肩担星，一肩担月　245

神算之星——周光召　九次计算的决胜者　251

超算之星——金怡濂　让中国超算实现超速　257

杂交水稻之星——袁隆平　他的水稻梦　263

抗疟之星——屠呦呦　化青蒿为灵药　269

丰收之星——李振声　小麦丰收的功臣　275

航天常胜星——王永志　航天新长征路上的英雄　281

勇摘明珠的数学之星——陈景润　摘取数学王冠上明珠的人　287

天文教育之星——曲钦岳　南大校长是颗星　293

汉字的救星——王选　当代"毕昇"　299

寻星之星——陈建生　巡天与寻星　305

"鹊桥"之星——叶培建　深耕航天，步履不停　311

"天眼"之星——南仁东　浩茫宇宙我独览　319

后　记　325

星人物	李四光	星编号	137039
发现日	1998-10-26	命名日	2009-10-4
发现者	中国科学院国家天文台兴隆观测站		

地质之星——李四光 解读石头的人

李四光(1889-10-26～1971-4-29)，中国共产党党员。原名李仲揆，字仲拱。湖北黄冈人，蒙古族。著名地质学家、教育家和社会活动家。英国伯明翰大学毕业。新中国成立后，历任中国科学院副院长，中华人民共和国地质部部长，中国科学技术协会主席，国务院科教组组长。

星成就　中国现代地球科学和地质工作的主要领导人和奠基人之一。他提出了中国东部存在第四纪冰川的观点,创立了地质力学,对蜓科化石及其地层分层意义有深入的研究,对中国的石油勘探和开发以及中国的地震研究做出了重大贡献。他还创作了中国第一首小提琴曲《行路难》。

星荣誉　1955年当选中国科学院学部委员(院士)。1959年获卡尔宾斯基金质奖章。1982年获国家自然科学奖一等奖和二等奖。2009年被评为100位新中国成立以来感动中国人物之一,同年入选蒙古族十大杰出科学家。

星金句　像我们这样一个经济落后的大国,在贪得无厌的国际帝国主义面前,要迅速地富强起来,除了走社会主义道路以外,肯定是没有其他路可走的。

解读石头的人

人们常说:"学一样,就要钻一样。"古人也说:"术业有专攻。"可是,李四光年轻的时候学了造船,又想学炼钢,炼钢没学完,又去学采矿,采矿没学完,又去学地质。他为什么再三改变专业呢?是他不专心致志吗?这就得从他为什么要学习说起了。

李四光原名"仲揆"。"揆"的意思就是善掌大事,这个名字体现了家人对他的厚望。他的父亲是一位乡村教师,虽然生活清贫,但非常爱国。他告诉仲揆,在甲午海战中,中国战败的重要原

因,就是不能自己造军舰。仲揆听了,暗下决心:一定要努力学习,将来为祖国造大军舰、大轮船。

那时,仲揆读的都是四书五经之类的书,他觉得这些书对造军舰毫无用处。为了学习现代科学技术,14岁那年,他去武昌报考新型学校——武昌高等小学堂。哪知道,在填写报名表时,因为把"姓名"错看成了"年龄",就把姓名写成了"十四"。这可怎么办?报名表还是省下饭钱买的,想买新的已经没钱了。正在发愁时,他看到堂上挂着一块匾,上书"光被四表",就是光辉照到四面八方的意思。他灵机一动,把"十"改成了"李",又在"四"后面加了一个"光"。于是,"李仲揆"就变成了"李四光"。

在这所学校里,李四光学到了现代自然科学知识。他的学习成绩很好,几乎每次考试都名列前茅。1904年,他被省里选作官费留学生,送到日本学习。1907年7月,李四光终于如愿考入大阪高等工业学校,学习造船。为了给祖国建造舰船,李四光又在1913年7月远涉重洋,进入英国伯明翰大学学习。但这时他才发现,中国最需要的是钢铁。轮船和军舰都是用钢铁造的,可是中国的钢铁工业非常落后,没有好钢怎么造好船好舰?于是他就想改学炼钢。就在李四光刚刚想学炼钢的时候,他又了解到中国的采矿业也非常落后,没有铁矿石怎么炼钢铁?于是,他又转学采矿了。可是在学了一年采矿后,他又深感要找矿就必须有地质学方面的知识,不然就是蒙着眼睛寻宝,不可能成功,于是他又改学了地质。

可见,李四光一再改变专业,只因为他把祖国的需要放在第一位。祖国的需要,才是他不变的目标。

1919年,李四光从伯明翰大学毕业了。1920年,他一回到祖国,就投入到中国现代地质学的开拓工作中。从此,石头就成了他的"宝贝"。有一次,他在广西做报告,让听众传看一块马鞍形的小石头,那小石头珍藏在一个小木盒子里,还用棉花垫着。不料这块小石头竟传丢了。李四光非常着急,就贴出一张寻物启事,大意是说,那块小石头根本不值钱,它只是对研究地质学有价值,希望私藏的人把它放到指定的地点去。这一招果然灵验,这块"宝贝"终于回到了李四光的手中。的确,这块小石头并不值钱,但李四光从这块来自浙江雁荡山的小石头身上,发现了冰川活动的痕迹,看到了地壳变化的强大力量,读出了坚硬的石头也有可塑性。为此,他还写了一篇论文《一块弯曲的砾石》,发表在英国权威的《自然》杂志上。

李四光是一位勇于创新的人。他在"横看成岭侧成峰"的庐山考察,提出了中国也有第四纪冰川的观点,挑战了中国没有第四纪冰川的说法。另外,他在研究地质学的过程中,感到地质学必须吸收其他学科的新成果,才能有所发展。正是因为有扎实的多学科功底,经过二十多年的刻苦研究,他开创了一门崭新的学科——地质力学。该学科认为,是地球内部的地应力造成了岩石的运动和相互挤压、碰撞,进而产生了矿藏,形成了山脉、江河等各种地貌。地质力学在国内外产生了很大影响。

新中国成立后,为了打破某些大国的核垄断,打造我们自己的核盾牌,开发核能源,我国急需铀矿。李四光很早就开始关注铀矿了。在他的指导下,经过艰苦工作,我国发现了一系列铀矿床,满足了我国核工业发展的需要。

一些外国专家曾宣称中国是个"贫油国",可是以李四光为代表的一批中国地质学家不服气,他们认为,我国东北平原、渤海湾和华北平原都可能蕴藏着石油。在党中央、国务院的支持下,李四光领导地质工作者开展了全国性的石油普查工作。经过艰苦奋战,地质工作者们终于发现了著名的大庆油田,接着,又相继发现了胜利、大港、华北等大型油田。中国"贫油国"的帽子终于被甩掉了。

李四光还很关心地震研究。1966年邢台地震后,看到人民生命财产遭受很大损失,他开始投入大量精力研究地震预报。虽然这项工作很艰难,但他坚信,地震是可以预报的,并为此一直工作到辞世。

李四光博学多才。他不仅有扎实的古文功底,能作诗填词,一般人认为深奥艰涩的地质学论文,也被他写得文采四溢。他小提琴拉得非常好,还在1920年写过一首小提琴曲《行路难》,研究中国音乐史的专家认为,这是中国人创作的第一首小提琴曲。

正因为祖国需要什么,李四光就去学什么;祖国需要什么,他就去做什么;再加上博学多才,不辞辛劳,他才成了中国科学界的巨星,一颗中国人仰慕的明星。

(边东子)

星人物	竺可桢		星编号	224888
发现日	2012-8-31		命名日	2013-5-21
发现者	天文学家叶泉志			

物候之星——竺可桢 熟谙大自然语言的人

竺可桢(1890-3-7～1974-2-7),中国共产党党员。字藕舫,浙江绍兴人。中国近代气象学家、地理学家、教育家。曾任中国气象学会会长,浙江大学校长;历任中国科学院副院长兼生物学地学部主任,中国科学院综合考察工作委员会主任,中华全国科学技术普及协会副主席。

星成就　　中国现代气象科学的奠基人,中国物候学的创始人。他对中国气候的形成、特点、区划及变迁等都有深入的研究,与李四光共同领导了《中国地震资料年表》的编制,在天文学史、气象学史、地理学史、科学通史等方面都有突出的成就,很早就提出了可持续发展的理念。作为教育家,培养出许多高徒,为中国科学、教育事业的发展做出了重大贡献。

星荣誉　　1955年当选中国科学院学部委员(院士)。1960年被提名为苏联地理学会外国会员。1966年被授予"罗马尼亚科学院名誉院士"称号。1967年被载入英国编印的《国际名人录》。2008年被入选"中国十大科技传播优秀人物"。

星金句　　花香鸟语统是大自然的语言,重要的是我们能体会这种暗示,明白这种语言。

熟谙大自然语言的人

20世纪50年代初,在北京地安门的中国科学院第一宿舍和位于文津街的中国科学院院部,人们常可以看到一位长者在驻足赏花或仰头观鸟。他是谁?他为什么对花鸟这样感兴趣?有人猜他是诗人,还有人猜他是画家。其实,他是中国科学院副院长竺可桢,是著名的地理学家、气象学家和教育家。他观察花鸟,是因为他在研究物候学。他是中国物候学的奠基人和引领者。

1890年,竺可桢出生于浙江绍兴东关镇。5岁时,他就进了私塾。私塾的老师一般都比较严厉,甚至还会用戒尺打不听话学生的手心。可是竺可桢不怕老师,因为私塾老师就是他的大哥,他对这位老师只有敬佩,佩服老师读的书多,有学问。受大哥的影响,他也养成了爱读书的好习惯。

15岁时,竺可桢走出家门到上海求学。1909年,他考入唐山路矿学堂(今西南交通大学)学习土木工程。20岁时,他通过了第二批庚款留学资格考试,远赴美国深造。起初,他在美国学的是农业。因为他想,中国是个农业大国,学好农业,可以造福中国农民。可是学了一段时间后,他发现,美国的农业是机械耕作的现代化农业,而中国还是牛拉犁、人锄地的小农经济,在美国学到的理论用不到中国的实际中。于是,他就转到哈佛大学地学系学习气象学。那时,气象学在中国还是空白。在美国,他还和赵元任、任鸿隽、秉志等人成立了以传播科学为宗旨的“中国科学社”。

1918年,竺可桢在获得博士学位后,返回了祖国。1921年,他在东南大学创立了中国第一个地学系并担任系主任,为中国培养出了一大批地学方面的人才。1934年,他参与创建了中国地理学会,为在中国推进地理学研究做出了贡献。

1928年,竺可桢应蔡元培的邀请,出任中央研究院气象研究所所长。当时,中国几乎没有气象台,除香港外,只在上海有一座徐家汇观象台,还是由法国人建立和管理的。中国的气象资料和气象预报的发布都掌控在外国人手中,这既不利于国家安全,也有损国家利益。因此,中国需要建立自己的气象台,竺可桢便挑起了这副重担。经过一番努力,他在南京北极阁建立了气象台,从1930年元旦开始发布天气预报和台风警报。从此以后,中国人终于可以自己预报天气了。

1936年4月,竺可桢担任了浙江大学校长。这时的浙江大学只有文理、工、农3个学院16个系,办学条件并不理想,竺可桢为建好浙江大学做出了巨大贡献。尤其是在抗日战争中,浙江大学为躲避战火,辗转搬迁到贵州遵义湄潭,条件很艰苦,但是在竺可桢校长的领导下,全校师生燃起了强烈的抗日爱国热情。浙江大学培养出很多优秀人才,也涌现了许多优秀的教师。其中,谈家桢、贝时璋、王淦昌、叶笃正、谷超豪等人,现在都因贡献突出,而获得了小行星的永久命名。

抗战胜利后,竺可桢支持进步学生运动,反对蒋介石的专制统治。为了替牺牲的进步学生伸张正义,他甚至以辞职逼迫国民党反动派不得不做出让步。在新中国成立前夕,竺可桢拒绝跟随国民党政府赴台湾,毅然留下来迎接新中国的诞生。在他担任浙江大学校长的13年中,浙江大学发展到拥有文、理、工、农、师、法、医7个学院共25个系,10个研究所,200余名教授和2000多名学生的名校,被称为"东方剑桥"。

新中国成立后,竺可桢就任中国科学院副院长,同时,还担任中国科学院综合考察工作委员会(简称"综考会")主任、生物学地学部主任等领导职务。在领导综考会的工作中,他组织起一支能征善战的科考队伍,进行了一系列重要的科学考察活动。他的足迹遍及除西藏和台湾外的其他各省区。直到近70岁高龄,他还奔波在大河上下、西部高原、南疆密林,为国家规划未来发展取得了宝贵的第一手资料。即便这样,他在百忙之中仍然将大量精力投入到物候学的研究中。

物候学研究的是生物活动现象和气候变化的相互关系，比如与气候相关的植物开花、动物迁移等。竺可桢是中国物候学的奠基者和引领者。他早在1922年就开始进行物候观察，新中国成立后更是随时随地做物候观察记录。在担任中国科学院副院长期间，他不仅领导建立了中国的物候观察网，而且坚持亲手记录物候现象。

《竺可桢日记》及手稿

除了实地观察外，竺可桢还通过史料、古代文学作品等研究物候和气候。

他通过唐代元稹的诗"长安最多处，多是曲江池。梅杏春尚小，芰荷秋已衰"推断出当时长安在春天是有梅花开放的。而宋代大文学家苏东坡却在咏杏花的诗中写道："关中幸无梅，汝强充鼎和。"这就证明到了宋代，长安在初春时节已经没有梅花，只有杏花了。他还根据王安石的咏梅诗"北人初未识，浑作杏花看"考证出宋代苏东坡、王安石生活的11世纪初期的春天，比元稹生活的9世纪的春天要冷，因为梅花最多只能抵御-14℃的低温，气温再低就无法生存了，以至于北方的人们都不认识梅花，误把它当成了杏花。竺可桢还创立了历史气候学，这对于我们在今天研究全球气候变化，也有着重要的意义。

竺可桢一生著作丰厚，如1963年出版了与他人合著的《物候学》，1979年出版了《中国物候观测方法》。他的《大自然的语言》一文还被收入教科书里。他还有一个重大贡献，就是他的日记。据竺可桢早年的学生、我国著名地理学家胡焕庸回忆，竺可桢早在1917年在哈佛大学留学时，就养成了记日记的习惯。他的日记内容丰富，遇到的人和事，自然要记下来，而物候现象、气象状况更是必不可少的内容。他平时总带着一个小本子，无论走到哪里，也无论是开会还是视察，都随时做记录，然后再转记到专用的日记本上，从无间断。由于战乱，有部分日记遗失了，现存的是从1936年到1974年共38年37天的日记，总计1300多万字，是真正的鸿篇巨制！有人还称他的日记是"一大奇迹"。

尤其让人感动的是，1974年2月4日之后，他因病已经虚弱得难以握笔了，仍记录下了当天的天气情况。2月7日凌晨4时，竺可桢的日记随着他的生命终结而永远中断了。他的日记对中国近现代科学史的研究，有着重大的价值。因此，《竺可桢日记》已经由专家和竺可桢的亲属整理并正式出版。

集腋成裘，聚沙成塔，我们即使没有竺可桢那样的才华和学识，也可以学习他从微小的现象入手，坚持不懈地观察和研究，从而有所发现的科学精神。

（边东子）

星人物	茅以升	星编号	18550
发现日	1997-1-9	命名日	2006-1-9
	（茅以升101岁诞辰）		（茅以升110岁诞辰）
发现者	中国科学院国家天文台		

桥梁之星——茅以升 弄潮人和建桥师

茅以升（1896-1-9～1989-11-12），中国共产党党员。字唐臣，江苏镇江人。土木工程学家，桥梁专家，工程教育家。曾任上海交通大学唐山工学院教授，国立东南大学（1928年更名为国立中央大学）教授，国立河海工科大学校长，交通部唐山大学（今西南交通大学）校长，北洋工学院院长，江苏省水利厅厅长，上海交通大学唐山工学院院长，中国桥梁公司总经理等。新中国成立后，历任中国交通大学（1950年改称北方交通大学）校长，中国铁道科学研究院院长等职。1987年以91岁高龄加入了中国共产党。

星成就　设计建造了我国第一座现代化桥梁——钱塘江大桥，参与设计了武汉长江大桥。中国土木力学学科的创始人和倡导者。

星荣誉　1955年当选中国科学院学部委员（院士）。2019年被评为新中国"最美奋斗者"。

星金句　人生之桥，名为奋斗。

弄潮人和建桥师

那是1904年的端午节，小伙伴来邀茅以升一起去南京秦淮河上的文德桥观看龙舟比赛。茅以升当时还是个8岁的孩子，这个年龄的孩子哪有不爱看龙舟赛的，可偏偏那天他生病了，不能去。为这事，他别提多懊恼了，一整天都提不起精神来。

不想，就在这时，突然人们惊慌地奔跑呼叫："文德桥出事了！""文德桥塌了！文德桥塌了！"

原来，当时的文德桥是一座木桥，因为桥上看龙舟赛的人太多，桥栏断裂，桥身坍塌，上百人落水，死了许多人。茅以升的小伙伴中也有人落水。这件事对茅以升的影响非常大，他从此暗暗下定决心，长大后一定要造出最坚固的桥。

茅以升从小好学上进，善于独立思考，7岁时就读于国内第一所新型小学——思益学堂，这所学校教授的是现代科学知识，为他打下了良好的基础。

后来，茅以升考入唐山路矿学堂（今西南交通大学）。他学习

努力,考试成绩总是名列前茅。毕业后,他因成绩优异被保送到美国学习,第二年,他就获得了美国康奈尔大学硕士学位,1919年又获得了加利基理工学院工学博士学位。到了20世纪30年代,由于经济、商业和国防的需要,沪杭与浙赣两条铁路要连接起来,而钱塘江横亘在中间,要让两岸变通途,就必须在钱塘江上架设桥梁。可是这容易吗?钱塘江以大潮闻名于世。宋代潘阆曾有词描写钱江潮:"长忆观潮,满郭人争江上望。来疑沧海尽成空,万面鼓声中。"可见,钱江潮汹涌澎湃,势不可当,如果再遇到山洪暴发,更是浊浪滚滚,排山倒海,让人连造桥的梦都不敢做。因此当地人有"钱塘江无底,不能造桥"的说法,还有"钱塘江上架桥——办不到"的歇后语。在建设钱塘江大桥之前,中国的大型现代化桥梁都是请外国人设计的。满怀爱国之情的茅以升心有不甘,他总希望有一天能亲手建起中国人自己设计的大桥。

正在这时,浙江省建设厅厅长曾养甫来找茅以升,邀请他主持钱塘江大桥的设计和建造。但这位厅长也把话说得很明白:"经费我负责,工程你负责。用人你有全权,我完全相信你。但是,如果桥造不成,你得跳钱塘江,我也跟在你后面跳。"

面对困难和挑战,茅以升欣然受命,并于1933年开始主持修建这座中国历史上第一座公路铁路两用桥。从此,他吃住都在工地,常常废寝忘食,不舍昼夜。当时抗日的战火已经燃起,大桥工地还遭到过敌机轰炸,茅以升和建桥的工程技术人员都经历了生死考验。

在建桥过程中,茅以升大胆采用新技术,用"上下并进,一气呵成"的施工方法,排除了重重困难,终于在抗战的隆隆炮声中,建成了长 1453 米、雄伟壮观的双层钱塘江大桥。1937 年 9 月 26日,钱塘江大桥下层的铁路桥通车。

钱塘江大桥铁路桥的通车,不仅对便利交通、促进经济发展有重大贡献,对抗战更有重要意义。有了这座桥,不仅后方的物资得以源源不断地运往前线,就连战斗机都是用火车运到杭州参加抗日空战的。这座横跨在钱塘江两岸的钢铁长龙,向全世界展示了中国工程技术人员的聪明才智。

但这时,日本侵略军已于 11 月 5 日在杭州湾的金山卫登陆,抄了在上海的中国抗日军队的后路,抗日军队遭受两面夹攻,形势非常严峻。就在公路桥通车的前一天下午,南京工兵学校的一位教官找到茅以升,向他出示了一份国民党南京政府的绝密文件。文件的内容是,在战事不利的紧急时刻,要炸毁钱塘江大桥。南京来人告诉茅以升:"如果杭州不保,钱塘江大桥就等于是给日本人造的了。"他还告诉茅以升,炸桥所需的炸药及爆炸器材已由南京运来,就在外边的汽车上。

费尽心血建成的大桥刚刚通车,就要去炸毁它,茅以升心如刀绞。后来,他这样描述自己当时的心情:"就像亲手掐死自己的亲生儿子。"但茅以升深明大义,他非常了解当时的战况和大桥的重要战略地位,于是立即同工程技术人员制订了缜密的炸桥方案。当天晚上,所有的炸药就都安放到了大桥的预定位置上。

11 月 17 日,钱塘江大桥上层的公路桥正式开通了,但"通车仪式"是十多万难民为躲避日军的烧杀抢掠,通过大桥拥入杭州。当他们匆匆走过大桥时还不知道,他们的脚下已经安放好了成吨的炸药,并且插好了雷管。

12月23日,日军开始进攻杭州,当天下午3点,炸桥的准备工作全部就绪,日军扬起的烟尘已然隐隐可见。傍晚5时,大桥关闭,禁止通行,实施爆破。随着一声巨响,这条建成仅仅89天的现代化大桥被炸毁。

大桥被炸毁的当天晚上,茅以升写下了八个字:"抗战必胜,此桥必复。"想到建桥之初,有人开玩笑说"金木水火土五行中,'钱塘江桥'这四个字里唯独没有'火'",茅以升更是感慨——想不到钱塘江大桥如今却在战火中被毁,应了一个"火"字,便赋诗一首,其中有这样的句子:"斗地风云突变色,炸桥挥泪断通途。五行缺火真来火,不复原桥不丈夫!"

1945年,抗日战争终于胜利了,茅以升又受命组织修复大桥。1948年3月,修复工程结束,钱塘江大桥又如巨龙般重新飞跨在钱塘江的波涛之上。

茅以升主持修建的钱塘江大桥工程前后历时14年,经历了建桥、炸桥、复桥三个时期,在中华民族抗击外来侵略者的斗争史上书写了可歌可泣的一页。

修复后的钱塘江大桥在中华人民共和国的建设中发挥了更大的作用,为我国交通事业的发展和经济建设建立了不朽功勋。

(张建民　边东子)

星人物	张钰哲		星编号	2051
发现日	1976-10-23		命名日	1978-8-1
发现者	美国哈佛大学天文台			

"中华"之星——张钰哲 永不熄灭的星

张钰哲(1902-2-16～1986-7-21)，福建闽侯人。近代天文学奠基人。1950年被任命为中国科学院紫金山天文台台长，并一直在紫金山天文台工作到1984年。历任紫金山天文台台长、名誉台长。

星成就	他是第一位给小行星命名的中国人,"中华"小行星的发现者,组织拍摄了中国境内的第一张日全食照片。
星荣誉	1955年当选中国科学院学部委员(院士)。1978年获全国科学大会奖,1987年获国家自然科学奖二等奖。中国天文学的最高奖——张钰哲奖,就是以他的名字命名的。
星金句	科技学应家国需。

永不熄灭的星

　　1928年的一个晚上,在美国叶凯士天文台,中国留学生张钰哲正在凝眉蹙目,苦苦思索,他要为一颗新发现的小行星命名。

　　原来,张钰哲在两年前就发现了一颗小行星,根据国际规则,经过连续观测和精密的轨道计算,才最终确定了这是一颗从来没有被发现过的小行星。他知道,这颗小行星一旦被国际天文组织承认,并被授予永久编号,他就有权为它命名了。该取个什么名字呢? 这个名字一定要有意义,一定要响亮……

　　1902年2月16日,张钰哲出生于福建省闽侯县一个普通职员家庭。通过不懈努力,他于1919年以优异成绩考取了清华大学留美预备班。1923年,21岁的张钰哲心怀为祖国需要而学习的崇高目标,赴美求学,先后在美国普渡大学机械工程系和康奈尔大学建筑系学习。一天晚上,他在宿舍偶然看到了一本天文科普读物,竟然因此改变了他的人生。经过深思熟虑,他于1925年转

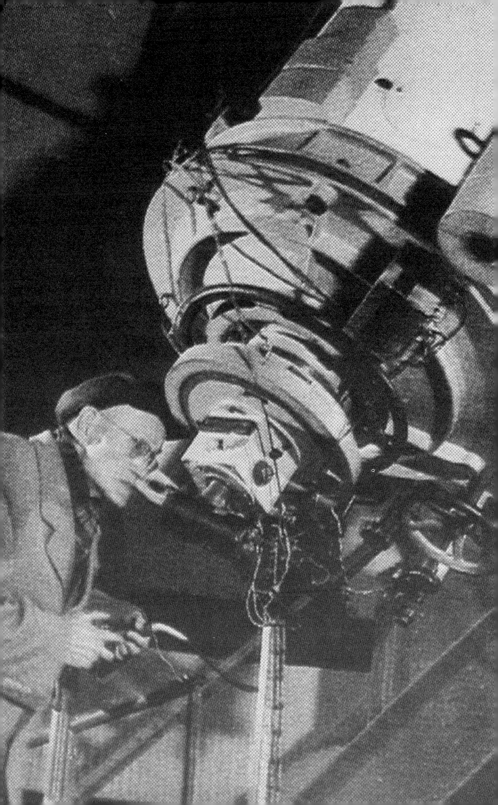

学到芝加哥大学天文系学习,并以优异成绩先后获得天文学学士、硕士和博士学位。

茫茫星海中,张钰哲一直不停追寻,期望能够找到一颗从未被人类发现的小行星。1928年的那个晚上,他终于确定自己发现了一颗小行星。他的发现很快得到了国际天文组织的承认,这颗新发现的小行星被授予"1125"永久编号。张钰哲也终于为这颗小行星取了一个他最满意的名字——"中华",体现了中国人的自豪感。这是中国人首次为小行星命名。从那时起,"中华"就在宇宙中闪耀。也是这一年,他给母亲写了一首古体诗,其中有这样的句子:"科技学应家国需,异邦负笈跨舟车。"最后说:"喜把竹书传好语,明年渡海俱琴书。"大意就是:学习科技要根据国家的需要。我常年在外无法侍奉母亲,但是不会忘记母亲的养育之恩。先写一封报喜的信,明年我会渡过汪洋大海回家。

1929年夏,放弃了美国提供的优厚待遇,张钰哲回到了祖国,投入到天文学的研究中。同年秋季,他受聘为南京中央大学物理系教授,讲授天文学、天体物理学和天体力学等,同时被中央研究院天文研究所聘为通信研究员。1934年,中国第一座现代天文台——紫金山天文台建成,张钰哲被聘为特约研究员。

1937年8月11日,张钰哲预测到1941年9月21日将有日全食进入新疆,经甘肃、陕西、湖北、江西,最后从福建出境。这是一次难得的观测日全食的机会。1941年,他担任中国日全食观测队的队长,组织了我国第一次用现代科学仪器观测日全食的活动。本来,许多国家的天文学家都想来华观测,但这时正处于抗战时期,日寇野蛮无道,滥杀无辜,外国天文学家只好放弃这个机会。

因此,中国的观测队就成了唯一的观测队,而这次观测也成了世界天文史上最危险的一次日全食观测活动。

张钰哲选择的观测地点在甘肃临洮,他带领观测队从昆明出发,沿途遭遇了日军的20多次空袭,险象环生,所幸无人员伤亡。在经过42天、3200千米的远征后,他们终于到达临洮,拍摄到了中国第一张日全食照片,还拍摄了第一部日全食彩色影片。经英国格林尼治天文台证实,张钰哲观测到的这次日全食,是全球400年来罕见的天文奇观,其学术价值和观赏价值都超过了以往任何一次。

1950年,张钰哲被任命为中国科学院紫金山天文台台长。在他的努力下,紫金山天文台发展得很快,不仅添置和修复了许多大型天文观测设备,还开拓了新的领域。他不辞辛苦,带领同行自制和引进了具有国际一流水平的科学仪器,还花了4年的时间建成了我国最先进的天文仪器制造厂,紫金山天文台从此享誉四海。

张钰哲四十年如一日坚持天文观测。他和他领导的紫金山天文台行星室拍摄到小行星、彗星底片共8600多张,获得有价值的精确数据9300多个,发现了1000余颗小行星,并计算了它们的轨道,其中有100多颗小行星和3颗彗星获得了国际永久编号和命名权。

作为天文学家,张钰哲还为中国古代史研究做出了贡献。"武王伐纣"是古人编的故事还是真实的历史,它具体发生在哪个年代,人们一直争论不休,谁都没能拿出有力的证据。张钰哲想到了一个好办法:古书记载中虽然没有说明武王伐纣的具体年代,却说当时有一颗彗星出现,因此,只要考证出这颗彗星的"身份",就能知道武王伐纣是不是真实的,以及它发生的年代。

经过对中国古代留下的珍贵天文资料进行细致深入的研究,他认为,那时出现的彗星就是哈雷彗星,根据哈雷彗星的运行轨道,就可以推算出那是公元前1057年至公元前1056年之间的事。他把这个研究成果写成了两篇论文,在1978年和1982年发表,引起了广泛关注。近些年,中国科学家开展了一个多学科协作的大型科考工作,名叫"夏商周断代工程"。他们用现代化的手段和技术,结合历史资料,认定武王伐纣发生在公元前1046年1月20日。这个结论虽然与张钰哲推算的时间有偏差,但是这并不会削减张钰哲的工作的意义,因为他根据天文资料来考证历史事件的办法,得到了更广泛的运用,"夏商周断代工程"就大量采用了这个办法。

张钰哲是一位非常有远见的天文学家,早在苏联发射第一颗人造地球卫星(简称"人造卫星")之前,他就研究过人造卫星的轨道,他还参与了中国第一颗人造卫星的轨道设计。

1978年,国际小行星中心为了表达对张钰哲的敬意,宣布将美国哈佛大学天文台发现的编号为2051的小行星命名为"Chang"(张)。

1986年7月21日,84岁的张钰哲在南京逝世。他的骨灰深埋在紫金山天文台内一个极不起眼的角落。他的探索精神,时刻激励着后来的天文科技工作者。《人民日报》于1986年5月5日发表了专题短评,称他是一颗"永不熄灭的星"。

(王佳雯)

星人物	贝时璋		星编号	36015
发现日	1996-10-10		命名日	2003-10-10
发现者	中国科学院国家天文台			

生命之星——贝时璋 用一生探索生命

贝时璋(1903-10-10～2009-10-29)，中国共产党党员。浙江宁波人。生物学家、教育家。德国图宾根大学博士。我国细胞学、胚胎学的创始人之一，我国生物物理学的奠基人。

星成就   创立实验生物学、生物物理学,发现了细胞重组,创建细胞重建学说。为我国航天生物工程和核生物学做出了贡献。

星荣誉   1955年当选中国科学院学部委员(院士)。被德国图宾根大学五次授予博士学位,其中最高级别为钻石级博士。

星金句   一个科学家,首先要热爱科学,不是为名为利,而是求知求真,为国家做贡献。

用一生探索生命

小时候的贝时璋就和其他孩子不一样,他最大的爱好就是久坐不动,望着蓝天大海默默地思考,直到老年仍是如此。在北京中关村贝时璋的住所门前,有一张长椅和一排大树,贝时璋经常坐在那里沉思。如果有风吹过,动的一定是树,不动的一定是贝时璋。

1921年,贝时璋在同济医工专门学校预科毕业后,赴德国留学。1928年,贝时璋获图宾根大学科学博士学位,第二年就回到祖国,在浙江大学担任生物系主任。

1932年春天,他在杭州一个叫松木场的地方采集丰年虫。丰年虫又叫卤虫、海猴子、盐水虾等,是一种分布广泛的小型甲壳类水生动物,属于节肢动物门,甲壳纲,无甲目,盐水丰年虫科。因为传说这种小东西越多,庄稼就越丰收,所以其就有了"丰年虫"

的绰号。没想到,在这次采集的丰年虫身上,贝时璋发现了一个奇异的现象。

生物学界一直认为,新的细胞只能由细胞自身分裂产生。可是,贝时璋在这次采集的丰年虫中,发现了不是通过自身分裂,而是利用细胞物质重新组成的新细胞。这难道是真的吗?他反复观察研究,确定这是个有重大意义的发现。

1934年,在一次学术讨论会上,贝时璋把他的研究结果写成了论文,并做了报告。没想到,无论是报告还是论文,在学术界都没有引起任何反响:既没有赞同的,也没有反对的。总之,就像一位拳师对着空气打了一拳。原来,这是因为他的细胞重建理论与人们的认知相距太远了,读到这篇论文的人觉得这个发现太离奇,太不可思议,因此也就无法表示同意或反对。此后,由于时代变迁,世事浮沉和战乱等原因,这项研究一放就是30年。

1948年,作为公认的中国实验生物学的开创者,贝时璋被选为中央研究院院士。过了一年,中华人民共和国成立。又过了一年,贝时璋被调到中国科学院,历任中国科学院上海实验生物研究所所长、北京实验生物研究所所长等职。既然生命是自然界物质运动的高级形式,就必然遵循物理学和化学规律,因此诞生了生物物理学和生物化学。因为贝时璋了解国际上相关学科的最新动态,又有很好的数理基础,加上他一贯重视生物学和不同学科的交叉渗透,于是他提出,应当在中国开辟生物物理学的研究。小鸟为什么能扑打着翅膀飞行?青蛙的眼睛为什么对动的物体很敏感,对静止的东西却"视而不见"?这些都是生物物理学研究的范畴。1958年,中国科学院生物物理研究所正式成立,贝时璋担任所长。在他富有远见的领导下，这个研究所在建成初期，就成立了放射生物学、宇宙生物学、生物工程技术和生物化学等研究室。1959年，中国科学院又成立了由他领导的理论生物研究所，研究生物控制论、信息论和量子生物学。

20世纪60年代初，一个振奋人心的好消息传遍大江南北，我国的科学家用自己研制的生物火箭，把名叫小豹、珊珊的两只小狗和几只小白鼠送上了高空，并成功进行了回收。这个成果是贝时璋领导的中国科学院生物物理研究所和中国科学院机电设计院共同完成的。原来，1958年，中国科学院响应毛主席"我们也要搞人造卫星"的号召，以"581工程"为代号，开始了人造卫星的研制，贝时璋是生物组的领导成员之一。而发射卫星的下一步就是载人航天，航天员在太空的失重状态和宇宙射线的影响下，生理条件会发生什么变化，如何应对，就需要生物物理学的支持。将小狗送上高空，就是为了这一研究目的而做的尝试。今天，当"神舟号"飞船载着我国的航天员遨游太空时，我们不应当忘记贝时璋和他们那一代科学家的贡献。贝时璋被认为是我国宇宙生物学的开创者，为我国载人航天事业打下了基础。

核爆炸对人类的伤害是很大的，这种伤害在什么情况下轻，什么情况下重，以及会严重到什么程度，相关数据是防御核袭击必须掌握的。贝时璋带领科研人员观察和测量核爆炸的结果，做了大量工作，为防御核武器的袭击、保护人民生命财产安全做出了重要贡献。

尽管贝时璋取得了一系列重要成果，可他心中一直惦记着30年前那个未完成的研究课题，就是细胞的重建。20世纪70年代初,当他得知毛泽东主席说过"细胞起源的问题,要研究一下",就建议成立细胞重建研究组,加强对这个课题的研究。由于有了一批精兵强将,又有了现代化的科学仪器,经过11年的艰苦努力,这项研究取得了很大进展。他们用大量试验证明,除细胞分裂外,生物体内以一定的物质为基础,在一定的条件下,可以一步一步重新建成完整的细胞,从而提出了细胞重建学。

1983年,在贝时璋的指导下,由他的学生王谷岩等人与中央新闻纪录电影制片厂合作拍摄成影片《细胞重建》。这部影片获得了第五届中国电影金鸡奖最佳科教片奖,后来又获得意大利巴马国际医学科学电影节金质奖。细胞重建理论终于在国内外受到了重视。2003年9月26日,在贝时璋院士的祝寿大会上,图宾根大学第四次授予贝时璋博士学位,这是最高级的钻石级博士学位,不仅在图宾根大学绝无仅有,在世界上也是罕见的。也就是在这一年,中国科学院国家天文台命名了"贝时璋星"。

2008年,在贝时璋获得博士学位80周年之际,图宾根大学第五次授予他博士学位。

贝时璋不仅是一位著名的科学家,而且是一位可敬的共产党员。他于1978年,以75岁高龄加入了中国共产党,在科学界传为佳话。

2009年10月29日,贝时璋在家中安详地辞世,享年106岁。他的功绩,他的学风,将为他的学生们所继承,也永远为中国人民所纪念。

（王佳雯）

星人物	程茂兰	星编号	47005
发现日	1998-10-16	命名日	2008-11-10
发现者	中国科学院国家天文台		

观星之星——程茂兰 望星空

程茂兰（1905-10-16～1978-12-31），字畹九，河北博野人。天体物理学家。法国里昂大学毕业，1939年获法国国家自然科学博士学位。1957年回国后被任命为北京天文台筹备处主任，后改任北京天文台第一任台长。1962年任中国科学院数理学部天文委员会副主任委员。1962年8月至1978年任中国天文学会第二届、第三届理事会副理事长。第二届、第三届全国人民代表大会代表。

星成就　中国近代实测天体物理学奠基人。在法国期间发表了大量论文,对共生星、食变星、恒星的帕邢跃变进行了观测,尤其是对它们的光谱进行了深入研究。

星荣誉　1956年获法国骑士勋章。

星金句　我的祖国正在进行规模宏大的社会主义建设,像磁石一样吸引着我的一切。我把全部力量贡献出来为人民服务,使我们的天文工作追随着五星红旗飘扬在无限大的灿烂的星际间。

望　星　空

你能看到两万千米之外一根火柴燃烧时发出的亮光吗?当然,凭人的肉眼,这是绝对做不到的,但是凭借中国科学院国家天文台兴隆观测站口径2.16米的光学天文望远镜就可以办到。这台望远镜是一个身又高体又重的庞然大物,它是著名天文学家程茂兰用心血打造成的观天利器。

程茂兰并非出身书香门第,家境也不富裕。他的父亲只是一位普通的农民,有时也做些木工活。母亲姓宋,善于操持家务。程茂兰少年时学习很努力,1924年就以优异成绩从河北省立保定第六中学毕业,并于次年来到了北京。

程茂兰为什么要到北京呢?原来,五四运动之后,中国掀起了留法勤工俭学的热潮。许多有志青年纷纷漂洋过海奔赴法国,边打工,边学习。在这样的时代背景下,程茂兰也下定决心,奔赴法国学习。1925年，他进入位于北京西山脚下的北安河"法文预备学校"（今北京第47中学），学习了一些基本的法语，就于同年乘轮船去法国勤工俭学了。

在法国，即使再辛苦，单凭劳动所得也负担不起学习的费用。幸亏得到了著名爱国华侨王守义先生的慷慨资助，他才得以完成学业，并获得了学士学位。又因为成绩优秀，程茂兰得到了一笔奖学金，进入著名的里昂大学数理系攻读博士学位。1939年，程茂兰获得了法国国家自然科学博士学位。

获得博士学位后，程茂兰本想立刻回国。但这时中国正处于抗日战争时期，无法成行，他只得留在法国，先在巴黎天体物理研究所工作，后又到里昂和上普罗旺斯天文台从事天体物理学研究。在德国占领法国期间，他常常利用自己的中国侨民身份同德国人周旋，保护了天文台的人员和设施。他还不顾个人安危，尽力掩护法国抵抗战士。二战胜利后，法国共产党总书记多列士还专门接见了程茂兰，向他表示感谢。

在20世纪30年代到50年代初期，程茂兰取得了许多重要的成果，共发表论文百余篇，而其中最有代表性的论文就是关于仙后座 γ 星的光谱研究和英仙座 β 星的分光光度测量。

在中国古代，仙后座 γ 星被称为"策"星，属于二十八宿的"奎宿"。它就像情绪容易波动的少女的眼睛，兴奋起来时变得非常明亮，哀愁时又会变得黯淡无光，而且这种变化没有规律。一般来说，肉眼能见到的最暗星为6等，最亮的为1等。这颗星平常如2.2等星，但"兴奋"时就亮得像1.5等星，黯淡时又像3.4等星。原来，它是一颗蓝巨星，它的质量几乎是太阳的20倍，由于自转速度非常快,内部炙热的气体被甩了出来,形成了一层厚度会随温度的改变而改变的外壳,于是它的亮度也就随着改变。从1937年10月到1939年8月,程茂兰用光谱仪对它进行了深入细致的研究,测量了348条发射线的波长,这就有利于更深入、更细致、更准确地了解这颗星。

英仙座β星,被称为"妖魔的眼睛"。因为在古希腊神话中,妖女美杜莎有一双魔眼,谁和她对视,谁就会变成石头。在星座图中,英仙座β星就是美杜莎的魔眼。它由平时的2.1等变到3.4等只需要4.9小时,好像真的会眨眼。原来,它是一对"食双星",是由两颗星组成的,因为互相环绕旋转,所以一时亮、一时暗。通过对它的研究,程茂兰证明了不同颜色的光的传播速度是一样的,从而支持了爱因斯坦的狭义相对论。

程茂兰和他的合作者还对一种30年代发现的"共生星"进行了长达11年的观察和研究,取得了很多成果,有许多研究还是天文学界的"第一次"。他测定臭氧层厚度的方法,至今仍然被使用。

由于取得了一系列骄人成果,程茂兰担任了法国国立研究中心的研究导师,这是外籍科研人员所能获得的最高学术职务。他还获得了法国"骑士勋章",此外还有许多优厚待遇,但他的心一直向往着祖国。

1957年7月,在周恩来总理的关怀下,程茂兰辗转回到了祖国,并担任了北京天文台筹备处主任。为建设一个有国际水准的天文台,他奉献了一切。

既然是天文台,就得有安放天文望远镜等观测仪器的地方。为了给北京天文台选一个理想的光学观测基地,从1957年开始,程茂兰带领科研人员跋山涉水，经历了许多曲折，克服了许多困难，直到 1964 年 10 月，才在河北省兴隆县找到一个比较理想的地点。

有了观测基地，还得有观测工具。在程茂兰的积极推动下，中国于 1959 年开始研制口径为 2.16 米的光学天文望远镜。这在当时可是一项大工程。为此，程茂兰研究、考察、咨询，费尽了心血。1978 年 10 月，他因为操劳过度，突发脑梗，即使在住院期间，他也仍然惦记着那台口径 2.16 米的望远镜……

程茂兰非常重视人才的培养。台里有一名姓韩的高中毕业生，只是普通的科研辅助人员，平时帮助科研人员做些维修设备之类的事。但这个姓韩的年轻人数学非常好，连一些有大学文凭的科研人员都要向他请教。有这样的奇才，程茂兰就想好好培养。可是他遇到了一个大难题，这个年轻人的爷爷竟然是国民党的上将、号称"山东王"的韩复榘。因为那时选人用人是要看出身、成分的。培养这种出身的人，有可能会殃及自己，但程茂兰不惜担着风险，向数学家熊庆来推荐了这个年轻人。熊庆来也欣然同意让他当自己的学生。程茂兰和天文台的党委书记萧光甲商量后，甚至给了这个年轻人一个"特权"：今后有事，可以不上班。

1989 年 6 月，程茂兰心中的梦，那台口径 2.16 米的天文望远镜终于制造成功了。它高 6 米，自重 90 多吨，是个庞然大物，用它可以观测到非常暗的 2.5 等星，相当于能看到两万千米外一根火柴燃烧时发出的亮光。这年的 12 月底，这台天文望远镜就参加了由 14 个国家共同举办的变星国际联测活动，并取得了高质量的观测数据。1998 年，它又获得了中华人民共和国科学技术进步奖一等奖。非常令人惋惜的是,程茂兰已于1978年12月31日不幸辞世,没能见到他梦想中的这台望远镜。现在,在国家天文台兴隆观测站,人们除了可以用那台巨大的天文望远镜观测遥远的星空外,还可以沿着一条小路,走向程茂兰先生的铜像,为他献上一束花。

（边东子）

星人物 王淦昌	星编号 14558
发现日 1997-11-19	命名日 2003-9-16
发现者 中国科学院国家天文台	

核能之星——王淦昌 为祖国获取能量

王淦昌（1907-4-17～1998-12-10），中国共产党党员。江苏常熟人。中国核物理学家。1929年毕业于清华大学物理系，1930年赴德国威廉皇家化学研究所研修，师从著名核物理学家迈特纳女士。1934年回国后在山东大学、浙江大学任教。1950年调入中国科学院近代物理研究所工作，历任中国科学院近代物理研究所研究员、副所长，第二机械工业部（简称"二机部"）第九研究院副院长。1978年任核工业部副部长，兼原子能研究所所长。

星成就　提出发现中微子的试验方法。领导中国科学家小组在杜布纳联合研究所发现反西格玛负超子。独立提出用激光实现受控核聚变,为中国核武器的研制以及核电站的建设做出了重大贡献。和王大珩、陈芳允、杨嘉墀共同提出了著名的"国家高技术研究发展计划"(简称"863高科技计划")。

星荣誉　1955年当选中国科学院学部委员(院士)。1982年获两项国家自然科学奖一等奖。1985年获两项国家科学技术进步奖特等奖。1999年被追授"两弹一星"功勋奖章。

星金句　我愿以身许国。

为祖国获取能量

　　王淦昌自年轻时就热爱祖国,而且有勇有谋。1925年,中国爆发了抗议日本帝国主义残杀中国人的"五卅运动"。18岁的王淦昌和同学们一道上街示威游行。队伍走到英租界时,遭到了镇压,王淦昌被一个印度巡捕抓住了。王淦昌面对人高马大、气势汹汹的印度巡捕不仅不害怕,反而理直气壮地质问:"我在自己的国土上散发传单,你为什么抓我?"

　　"你自己的国土?可这是英租界!"那名印度巡捕说。

　　王淦昌不急不慌地开导对方:"正因为这里是英租界,我才来散发传单。我们中国受帝国主义欺侮,你们印度也成了帝国

主义的殖民地。现在,我在反抗帝国主义,你却在为帝国主义效劳。如果这事发生在你的国家,你能忍心抓自己的同胞兄弟吗?"那名印度巡捕听了,沉思了一下,悄悄地把他放了,临别时,还握住他的手,动情地说:"小兄弟,你说得对,很有道理。"

20世纪60年代,有关领导问王淦昌是否愿意隐姓埋名去研制中国的核武器,王淦昌的回答铿锵有力:"我愿以身许国。"

为什么国家选择了他,历史选择了他?因为他在核物理研究中硕果累累。他一生中竟有三次与诺贝尔奖擦肩而过。

1930年他在德国留学时,曾提出一种试验方法,用以研究一种新发现的辐射现象。可惜,两位大师级的核物理学家都因为自己的失误没有取得应得的成果,后来英国科学家查特威克用和王淦昌基本相同的思路,通过试验发现了中子,并因此获得了诺贝尔物理学奖。

中微子是一种神秘的中性粒子,它不带电,几乎不和其他物质碰撞,且具有极强的穿透力,可以一直穿过地球。可是人们只知道它的存在,却找不到它的"芳踪"。王淦昌曾经提出过一种寻找中微子的方法。但抗战时期,他随浙江大学内迁到遵义湄潭,那里条件很艰苦,不可能做复杂的试验,他只好写成论文发表。此后,科学家受他的启发,证明了中微子的存在,并获得了诺贝尔奖。

20世纪50年代中期,王淦昌领导中国科学家小组在苏联的杜布纳联合研究所工作。他们利用那里先进的加速器,发现了反西格玛负超子。这是完全有资格获诺贝尔奖的成果,但受当时冷战的影响,由社会主义国家组建的这个研究所,其成果很难被西方认可。

当王淦昌挑起核武器研究的重担时,已年过五旬。但是,爱国之情和科学家的责任让他和其他科学家一起,不畏艰难,刻苦攻关,终于为祖国打造出了坚强可靠的核盾牌。

中国研制核武器,目的是消灭核武器,而不是进行核讹诈。周总理就叮嘱当时主管核工业的二机部不要搞成"爆炸部"。王淦昌非常关注核能的和平利用,他提出的"激光惯性约束核聚变",在世界上也属首创。著名光学家王大珩,核物理学家于敏、周光召等也大力支持他的设想,现在我国在这方面已处于世界领先水平。1978年,王淦昌担任了二机部副部长,促成了中国核电的开发。在党中央的支持下,在他的领导下,中国建起了秦山核电站,实现了核电"零的突破"。

王淦昌是一位具有真知灼见的战略型科学家。1986年,他和陈芳允、王大珩、杨嘉墀共同提出了著名的"863高科技计划",大大促进了中国科技的发展。2001年,科技部举办了"'863高科技计划'实施15周年成果展"。在展览上,人们惊讶地看到了这样的数字:"863高科技计划"以15亿元的投入换来了560亿元的产值,更重要的是完成了一大批具有自主知识产权的项目,中国的科技水平、国防实力得到了大幅度提升。

王淦昌的工资不算低,夫人吴月琴又是勤俭持家的能手,可是他的生活并不富裕,因为他太乐善好施。1947年,他因为在中微子方面的研究成果,获得了1000美元奖金。但这笔奖金都被他捐给了老师、同学和朋友,其实那时他自己的生活也很拮据。他曾长期资助一名下放农村的学生研究爱因斯坦,后来这名学生成了研究爱因斯坦的专家。

1960年，王淦昌结束了在苏联杜布纳联合研究所的工作，把四年间节省下的约14000新卢布捐给了国家。

1982年，他把因为发现反西格玛负超子而获得的3000元奖金捐给了原子能研究所子弟学校。

1996年，"王淦昌基础教育奖励基金会"成立，他又捐资30000元。

…………

如此行善，哪还能"致富"呢？按现在通行的标准，他可能连白领都算不上，但这就是真实的王淦昌。

王淦昌家有着良好的家风。虽然夫人吴月琴的文化程度不高，但他们夫妻二人相敬如宾，非常和睦，子女也事业有成。现在常可以见到老人去世后，子女为争遗产闹上法庭的新闻，而王淦昌逝世后，他的子女共同捐款50万元设立"王淦昌物理奖"，以奖励有突出贡献的科研人员；此外，他的子女还捐款10万元给家乡常熟，以支持家乡的教育事业。这正如习近平主席所说："家风好，就能家道兴盛、和顺美满。"

王淦昌是"干惊天动地事，做隐姓埋名人"的代表，王淦昌的家是有着良好家风的和睦家庭。

（张建民）

星人物	赵九章	星编号	7811
发现日	1982-2-23	命名日	2007-10-29
发现者	中国科学院紫金山天文台		

造星之星——赵九章 用生命托起星星

赵九章(1907-10-15～1968-10-26),祖籍浙江吴兴,出生于河南开封。气象学家、地球物理和空间物理学家。1933年清华大学毕业,1938年获德国柏林大学博士学位。曾任中央研究院气象研究所代理所长、所长。新中国成立后,历任中国科学院地球物理研究所研究员、所长,中国科学院卫星研究院(651工程)院长,国家科学技术委员会气象组组长。

星成就　　中国现代气象学的创始人之一，中国人造卫星事业的奠基者和领导者。

星荣誉　　1955年当选中国科学院学部委员（院士）。1999年被追授"两弹一星"功勋奖章。

星金句　　外国人绝不会把重要的资料公开的，中国一定要有自己的卫星，才能真正走进太空，才能真正进入空间科学的最前沿。

用生命托起星星

1970年4月24日，一曲《东方红》，随着我国第一颗人造卫星的发射成功，传遍了全世界。中国卫星能飞上太空，我们不能忘记一位功臣，一位著名科学家，他就是赵九章。

赵九章的祖籍是浙江吴兴，他于1907年出生在河南开封，父亲是一位医生。1921年，他以第一名的成绩考入河南留学欧美预备学校（今河南大学）。后来，他又以优异的成绩考入清华大学物理系。

清华大学有学识渊博的师长、志同道合的同学，图书馆有丰富的藏书，这一切都让赵九章如鱼得水。因为学习成绩优秀，以及叶企孙老师的推荐，他于1935年奔赴德国柏林大学留学，师从著名气象学家冯·菲克尔教授，并于1938年获得博士学位。

学成回国后，赵九章曾在清华大学和西南联合大学担任教授，以后又进入了中央研究院。在抗战期间，他就帮助中国空军

建立了气象台站,为抗日战争的胜利做出了贡献。他是中国最早将数学和物理引进气象学,并创立了动力气象学的人。同时,他还提出了行星波斜压不稳定的新理论,这个理论已经成为现代天气预报的理论基础之一。

　　赵九章学识渊博,但生活清贫。在西南联合大学当教授时,他常常穿着打满补丁的衣服。有一次搬家,赵九章家的全部家当,用一辆小马车就装完了。吴有训教授看见了,感叹道:"看到九章搬家时那点东西,我就难过得要掉眼泪。"

　　新中国成立前夕,中央研究院气象研究所奉命迁往台湾,但是,担任代理所长的赵九章选择与其他科学家一起留下来,迎接新中国的成立。新中国成立后,赵九章以极大的热情,为新中国科学事业的发展贡献智慧和力量。他倡议和组织成立了中国科学院地球物理研究所。他密切关注地球物理在国际上的发展,力争让我国的相关研究赶上世界发展的潮流。他曾经敏锐地意识到电子计算机在气象学中的作用,他的高瞻远瞩,为中国能够发布气象数值预报奠定了基础。他还组建了海浪研究组,填补了中国海浪研究和海浪观测的空白。人们因此戏称他"海陆空都管"。

1957年10月4日,苏联成功发射了世界上第一颗人造卫星。1958年5月17日,毛泽东主席在中共八大二次会议上说:"我们也要搞人造卫星。"

为响应毛主席的号召,中国科学院开始研制人造卫星,名为"581工程",钱学森任领导小组组长,赵九章任副组长。因为钱学森身兼多职,而且主要精力用在领导国防部第五研究院研制导弹上,因此,"581工程"的大量工作都是赵九章在做。

为了加快卫星的研制步伐,中国科学院于1958年派赵九章率考察团到苏联访问,希望能进一步了解人造卫星。尽管当时中苏两国关系很好,处于"蜜月期",但是"苏联老大哥"对中国考察团也藏着掖着,不让他们看人造卫星最核心的部分。

这次考察让赵九章认定,研制卫星不能指望外援,只能自己干,也就是"独立自主,自力更生"。1959年至1962年,由于我国遇到了三年严重困难,有人甚至提出要放弃人造卫星的研制。赵九章在这种情况下,提出"大腿变小腿,卫星变探空"的工作方针,就是步子放慢一些、稳一些,先从研制探空火箭开始。从那时起,在赵九章的领导下,一直按照这个思路做试验,研制设备,发射探空火箭,一步一步扎扎实实地工作。队伍没有散,人心没有乱,为有一天能够全力以赴地研制卫星做着准备。

1964年，已经走出困难时期的中国，又开始了新的征程。这一年的10月，我国自行研制的"东风二号"导弹发射成功，赵九章到酒泉发射基地观看了发射。高兴之余，他想到，导弹研制进展这么快，再过四五年，就会研制出能够发射卫星的运载火箭。因此，现在就应当重新启动人造卫星的研制工作。为此，他赶写了一份建议书。在建议书中他提出，研制人造卫星的时机已经成熟，应当立刻上马。不过，当时也有不同意见，有人把发展洲际导弹和发展人造卫星对立起来，认为洲际导弹可以增强国防实力，而卫星只能搞搞科学研究，测测宇宙射线有多强，看看地球有多圆，因此，早一点晚一点上天无所谓。针对这种说法，赵九章在建议书中说明，发展卫星和发展远程导弹不但不矛盾，而且是相辅相成、互相促进的。赵九章在建议书中还说明，卫星的研制必将全面推动多项尖端科技的发展，将中国的科研和制造能力提升到更高的层次。

1964年12月，赵九章把建议书直接呈送给周恩来总理，并在全国人大常委会上做了报告。随后，1965年1月，钱学森也写信给聂荣臻副总理，认为现在已经有条件考虑发射卫星了，支持了赵九章的建议。

赵九章的建议得到了党中央的批准。1966年1月，中国科学院决定成立卫星研究院，代号是"651工程"，由赵九章任院长，人造卫星研制工作终于如火如荼地展开了。赵九章带领大家做了大量工作，经过许多专家反复细致的论证，中国的第一颗人造卫星定名为"东方红一号"，是一个直径约1米，近似球形的七十二面体。卫星在飞行中，将播放《东方红》乐曲。赵九章还带领专家们规划好卫星的运行轨道,研制出卫星上的音乐播放器等仪器设备,并且完成了初样星的研制。

赵九章还高瞻远瞩地规划了中国卫星的发展。他提出,我们要发展对地观测卫星、通信卫星、气象卫星以满足国防、通信、发展经济和抗灾减灾的需要。后来,我国的卫星研制也基本上是按照这个规划进行的。

然而,谁也没有想到,因为遭遇"文化大革命"的冲击,中国第一颗卫星的发展道路充满了艰辛和曲折。幸亏有周恩来总理等老一辈党和国家领导人力挽狂澜,又有孙家栋等科学家勇担重任,前仆后继,中国第一颗人造卫星的研制才得以继续下去。

1970年4月24日,"东方红一号"卫星发射成功,报纸发了喜报,全国人民奔走相告,男女老少都聚集在收音机旁边,倾听太空中传来的《东方红》乐曲声。这颗为中国和中国人民争来荣耀的人造卫星,凝结着赵九章的心血。可惜的是,他已经不幸于1968年10月26日永远地离开了我们,离开了他所献身的事业。

1997年,44位著名科学家,其中包括42位院士,联名倡议为赵九章铸造铜像,以使后人永远记住这位用生命把中国的卫星托举上天的功勋科学家。1999年,赵九章被追授"两弹一星"功勋奖章,这是共和国授予他的最高荣誉。

赵九章虽然没有亲眼见到"东方红一号"的腾飞巡天,但是他已经化作那颗"赵九章星",在浩茫的宇宙中关注着我们,而我们也不会让他失望。

(王佳雯)

星人物	郭永怀	星编号	212796
发现日	2017-10-9	命名日	2018-7-11

发现者　中国科学院紫金山天文台盱眙观测站

闪耀双星——郭永怀　善于冲破障碍的人

郭永怀(1909-4-4～1968-12-5)，中国共产党党员。山东荣成人。力学家、应用数学家、空气动力学家。中国科学技术大学物理系首任系主任。1935年北京大学毕业。1941年在美国加州理工学院古根海姆实验室工作,1945年获博士学位。1956年回国后,历任中国科学院力学研究所副所长,二机部九院副院长等职。1968年因公牺牲。

星成就 中国近代力学事业的奠基人之一。在爆轰力学、空气动力学、飞行力学、结构力学和武器环境实验科学等领域中，成就突出，特别是在中国核武器的研制中，做出了重大贡献。

星荣誉 1957年增选为中国科学院学部委员（院士）。1968年12月被授予"革命烈士"称号。1985年补授国家科学技术进步奖特等奖。1999年被追授"两弹一星"功勋奖章。

星金句 我自认为，我作为一个中国人，有责任回到祖国，和人民一道，共同建设我们美丽的山河。

善于冲破障碍的人

郭永怀是世界闻名的科学家，为中国核武器的发展献出了宝贵的生命。

1909年，郭永怀出生于山东荣成滕家镇一个普通农民家庭，他儿时可谓历尽磨难：因为家境所限，直到10岁才走进小学教室。可是没过几天，就和家人一起被土匪绑架，在海上漂泊了40多天，吃了不少苦。获释后，因为耽误功课太多，不得不留级。按现在的说法，这就是输了起跑线上。但是郭永怀不甘落后，他奋起直追，很快就赶上了其他同学，并且成为全村第一个中学生，走进了青岛大学附中的大门。后来，他又进入南开大学附中读高中，毕业后，升入南开大学，师从顾静徽教授，不久又被推荐至北京

郭永怀夫妇与女儿

大学饶毓泰教授处学习光学。因为学习努力,成绩优秀,他成了北京大学第一批研究生。

1939年春天,报考第七批庚款赴英留学力学专业的有50多名学生,个个出类拔萃。郭永怀从他们当中脱颖而出,争取到了这个非常难得的机会。同年12月,郭永怀等人从上海登船,准备出国。就在这时,他们突然发现护照上竟有"允许在横滨停船三日,上岸游览"的字样,并盖有日本领事馆的印章。郭永怀愤怒地说:"日本正在侵略中国,我们怎么还能接受日本的'签证'呢?"

于是,郭永怀和同行的留学生们愤怒地把签证撕得粉碎,提起行李下船了。要知道,那时能出国留学非常不易,而且一旦学成归来,就会得到很高的职位和优厚的待遇。他们这样做,就是放弃了出国留学的机会,放弃了未来会得到的高待遇、高薪酬。然而,在祖国受到敌人侵略的时候,怎么能计较个人的得失呢?他们放弃了宝贵的留学机会,用实际行动捍卫了民族尊严。到1940年,郭永怀才得到新的机会,赴加拿大留学,后来又转赴美国加州理工学院学习。

20世纪40年代中后期,飞机的飞行速度已经接近声音的速度(0℃时,海平面声速约为331.5米/秒)。为了超过声音的速度,许多飞机设计师和飞行员都做过勇敢的尝试,但都失败了,有的甚至机毁人亡。郭永怀在他的导师冯·卡门教授的指导下,经过长期艰苦的研究,写出了高质量的论文,为人类实现超声速飞行做出了重要贡献。此外,他还发展了新的计算方法,可以帮助人类解决突破音障的难题。这个方法被称为"PLK方法",以三位著名科学家的名字命名,"K"就是"郭"的第一个英文字母,而"P"代表庞加勒,"L"则指莱特希尔。

凭郭永怀的成就,他完全可以在美国获得高额的酬金和崇高的荣誉,可是郭永怀在回答为什么要来美国学习的问题时,坚定地回答:"是为了有一天能回去报效祖国!"

正因为有这样的回答,他就不能参加美国保密程度高、收入也高的科研工作。但为了能回到祖国,他心甘情愿。

1956年,美国被迫允许中国留美学者回国,郭永怀的心愿就要实现了。回国之前,他把多年来辛苦积累的笔记、资料都投入火中烧掉了。他的夫人李佩痛惜不已,可是郭永怀说:"我这样做是为了可以顺利地返回祖国,最重要的数据和资料我已经记在脑子里了,谁也拿不走。"

郭永怀和李佩带着女儿郭芹登上"克利夫兰总统号"轮船,就在轮船即将起航时,一伙自称是美国移民归化局工作人员的彪形大汉,突击检查了船上中国学者的行李,理由是涉嫌携带机密文件和资料。他们虽然什么也没有捞到,却使得轮船晚开了两小时。经历了这件事,李佩对郭永怀当初烧掉笔记和资料的举动更加理解了,她由衷地赞叹:"老郭很有远见。"

回到祖国后,郭永怀担任了中国科学院力学研究所副所长,被增选为中国科学院学部委员。中国科学技术大学成立后,他又担任了物理系主任。从此,郭永怀的每一颗汗珠,都洒在祖国的土地上,浇灌出属于祖国的鲜花与果实。

要研制飞机、导弹、火箭,就必须有大型实验设备——风洞。在郭永怀的领导下,科研人员克服重重困难,建起了新式风洞,他也因此成为中国空气动力研究的奠基人之一。

载人宇宙飞船、返回式卫星和战略导弹弹头再入大气层时，会与大气摩擦，产生炽烈的高温，会导致结构材料的力学性能下降，甚至使金属蒙皮熔化或烧毁，并危及飞行器内部乘员和设备。这一系列不良现象被称为"热障"。为了突破热障，郭永怀指导科研人员进行了多次试验。此后，我国的洲际导弹、返回式卫星研制相继取得成功，说明我们已经成功突破了这道障碍。

60年代初，郭永怀加入到核武器的研制中，并且担任了二机部九院的副院长。在他和其他科学家的努力下，中国的第一颗原子弹采用了高层次的"内爆法"，让全世界吃了一惊。

1968年年底，为了保证一次热核武器试验的成功，郭永怀到正值天寒地冻的青海为试验做准备工作。他没有时间疼爱女儿，甚至不能告诉她自己去做什么。12月5日，因为有紧急任务，郭永怀返回北京。不料，他乘坐的民航飞机在北京首都机场降落时突然触地解体，瞬间的猛烈撞击和熊熊的烈火吞没了这颗科学巨星。他是在"两弹一星"全部三个领域里都发挥过重要作用的科学家，也是牺牲在"两弹一星"研制第一线的级别最高的科学家，国家和人民授予他"革命烈士"称号。

郭永怀牺牲后，人们常能听到他的独生女郭芹在钢琴上边弹边唱："我爹爹像松柏，意志坚强，顶天立地，是英勇的共产党……"

郭永怀牺牲了，郭芹也不幸因病于1996年英年早逝。但是他的夫人李佩教授不仅挺了过来，还在英语教学的岗位上，在社会活动中，做出了出色的成绩。她是中国科学技术大学和中国科学院大学的英语教授、教研室主任，培养了许多人才。她不顾年

郭永怀夫人李佩

迈,不顾老年丧女之痛,坚持为科学家们举办讲座,为他们解决困难。她的事迹感人至深,人们纷纷赞扬她是"中关村最美的玫瑰""年轻的老年人"。

2017年1月12日,李佩教授逝世。2018年7月,国际小行星中心发布公告,编号212796的小行星被永久命名为"郭永怀星",编号212797的小行星被永久命名为"李佩星"。这是第一次用一对中国夫妻的名字来命名两颗小行星。

这两颗星是2007年由中国科学院紫金山天文台研究员、近地天体望远镜团组首席科学家赵海斌教授首次观测到的。令人惊叹的是,这两颗小行星竟然"同框"——显示在同一张照片里,也就是说,它们是同时被发现的。这在小行星观测中非常罕见,因此,它们的正式编号也是紧密相连的。它们不仅大小相近,而且在未来千万年的时间里,都会在稳定的轨道上运行,如一对恩爱夫妻牵手在浩茫的宇宙中漫步。

在中国科学院力学研究所院内郭永怀塑像下面,安放着郭永怀院士和李佩教授的骨灰,他们的女儿郭芹的照片陪伴着他们。前来瞻仰的人们会在那里洒下他们的泪水。

(边东子)

星人物　谈家桢	星编号　3542
发现日　1964-10-9	命名日　1999-9-25
发现者　中国科学院紫金山天文台	

遗传学之星——谈家桢　中国的"摩尔根"

谈家桢（1909-9-15～2008-11-1），浙江宁波人。遗传学家。1930年东吴大学毕业，1932年获燕京大学研究院硕士学位，1936年获美国加州理工学院博士学位。1952年起，任复旦大学教授，复旦大学遗传学研究所所长，复旦大学副校长。

星成就　中国现代遗传学奠基人之一。

星荣誉　1980年当选中国科学院学部委员（院士）。1985年当
　　　　选第三世界科学院院士和美国国家科学院外籍院士。
　　　　1987年当选意大利国家科学院外籍院士。1999年当
　　　　选纽约科学院名誉终身院士。

星金句　我，是属于中国的。

中国的"摩尔根"

　　贵州湄潭县有一个低矮简陋的唐家祠堂，可不要小看了它，抗战年代，这里竟飞出了"金凤凰"，创造出了举世瞩目的科学成果，而放飞"金凤凰"的人就是谈家桢。

　　谈家桢年少时就敢于提出问题，敢于坚持自己的见解。他在宁波一所教会学校上中学时，老师告诉他，"人是上帝创造的"。对这种说法，他很怀疑，决心要弄个水落石出。

　　1926年，谈家桢因成绩优异被保送进东吴大学。因为怀疑"人是上帝创造的"说法，他选择了生物学专业。他学习勤奋，仅用三年半时间就修满了四年的学分，同时还积极参加学校和社会组织的各种公益活动。

　　1930年，在获得学士学位后，谈家桢进入燕京大学研究院，师从李汝祺教授。这位教授可是第一位在摩尔根实验室获得博士学位的中国留学生。摩尔根是遗传学的创始人、诺贝尔生理学或医学奖获得者，在世界上享有崇高的学术威望，李汝祺教授的学

术水平自然也很高。不过,谈家桢还不满足,干脆漂洋过海,去向老师的老师学习了。1934年,他终于如愿进入了美国加州理工学院摩尔根实验室。因为摩尔根是在果蝇身上解开遗传秘密的,所以这个实验室也被戏称为"蝇室"。谈家桢在蝇室得到了摩尔根的亲传,还得到了他的得力助手杜布赞斯基的指导。在这个著名的实验室里,谈家桢开展了以果蝇为材料的遗传学研究。摩尔根培养学生有一套独特的方法,他让学生自己定课题,自己思考,自己搜集文献,自己去探索。他这个导师只起指点迷津的作用,也就是在关键地方指点一下,为的是让学生充分发挥主动性和创造性。

杜布赞斯基也非常欣赏谈家桢的才华,在谈家桢获得博士学位后,很想把他留下来当研究助理。然而,谈家桢坚定而又诚恳地回答:"中国的遗传学底子薄,人才奇缺。我,是属于中国的。"

1937年,谈家桢回到了祖国,应浙江大学校长竺可桢之邀,担任该校生物系教授。那一年,他才28岁。可就在这时,"八一三"抗战在淞沪爆发了,为躲避战乱,浙江大学只好迁校。1940年秋,浙江大学农学院迁到贵州遵义的湄潭县。因为战时条件很差,生物系只能设在简陋不堪的唐家祠堂内。谈家桢的实验室只有三间房,一间用来养瓢虫、果蝇,一间供学生学习用,还有一间当作实验室。

当时湄潭的条件很差,物价上涨,生活困难,在这种情况下,谈家桢带着学生白天在野外采集标本、做实验,晚上观察实验结果。那时湄潭没有电,只能借着小油灯微弱的光,对着显微镜观察。在这样艰苦的条件下,谈家桢仍完成了多篇论文。

终于,湄潭那低矮简陋的实验室里飞出了"金凤凰"。1944年,谈家桢取得了重大突破,他发现瓢虫色斑变异的镶嵌显性现象,并对此做了深入研究。这虽然只是发生在小虫子身上的现象,却有着重大学术价值。1946年,他在美国又把这项研究继续推进,并发表了论文《异色瓢虫色斑遗传中的镶嵌显性》,引起了国际遗传学界的高度关注。那时,中国科技落后,能取得举世瞩目的成就非常不容易。人们都说,这是"祠堂里飞出了金凤凰"。

在唐家祠堂,谈家桢还培养出了优秀的学生。他借鉴摩尔根培养学生的方法,注重启发、引导,培养出了盛祖嘉、施履吉、徐道觉和刘祖洞四名优秀学生,人们称之为他的"四大弟子"。

如果有人对某些导师说,"你的学生已经超过你了",有的导师可能会沉下脸,但谈家桢听了这样的话非常高兴。他的导师摩尔根就有这样的风范和度量,谈家桢继承了老师的风范,并且认为,摩尔根的思想和中国传统文化中倡导的"弟子不必不如师,师不必贤于弟子"是相通的。

在此后的时间里,无论是在偏僻简陋的唐家祠堂,还是在西子湖畔的浙江大学,或是位于大上海的复旦大学,他都不忘初心和使命。他在复旦大学建立了中国高校第一个遗传学专业,第一个遗传学研究所,第一个生命科学学院。

谈家桢是最早将英文"gene"译成中文"基因"的人。在20世纪50年代初,摩尔根遗传学说在中国等国受到了压制。谈家桢勇于捍卫科学真理,并努力推动"百花齐放,百家争鸣"的开展,终于为摩尔根遗传学争得了地位。在晚年,他还呼吁保护中国人的遗传资源,推动了国家基因组研究中心的成立,使中国在世界人类基因组研究中占据一席之地……

因为对中国遗传学事业的贡献,谈家桢被人们称为中国的"摩尔根"。

（张文静）

星人物	钱学森	星编号	3763
发现日	1980-10-14	命名日	2001-12-21
发现者	中国科学院紫金山天文台		

飞天之星——钱学森 圆了中国飞天梦

钱学森(1911-12-11～2009-10-31),中国共产党党员。祖籍浙江杭州。中国科学家的杰出代表,空气动力学家、火箭专家。1934年上海交通大学毕业,1937年获美国加州理工学院数学、航空博士学位。曾任中国科学院力学研究所所长,国防部第五研究院院长、副院长,中国科学技术大学近代力学系主任,国防科学技术工业委员会副主任,第七机械工业部副部长,中国科学技术协会主席,中国人民解放军总装备部科学技术委员会高级顾问等职。

星成就　　中国航天事业的奠基人和引领者。创立冯·卡门-钱学森近似公式，创新了工程控制论。在多个科学领域都有重要贡献。

星荣誉　　1985年获国家科学技术进步奖特等奖。1991年获"国家杰出贡献科学家"称号。1991年，中共中央组织部授予钱学森"共产党员优秀代表"称号。他在国际科技界享有很高声望，1989年，获小罗克韦尔奖章。1999年获"两弹一星"功勋奖章。2009年获中国绿色贡献终身成就奖。他还是中国宇航学会名誉理事长，中国科学院资深院士，中国工程院资深院士。

星金句　　中国要走在世界前列。

圆了中国飞天梦

　　飞天，一直以来都是中国人的美好梦想，钱学森就是为祖国实现飞天梦想的人。

　　钱学森生于上海，后随父母移居杭州。从小学到大学，他一直是品学兼优、多才多艺的学生。1929年，他考入上海交通大学机械系。这所学校非常重视分数，计算成绩时，要算到小数点后两位。即便如此，钱学森也因为成绩优秀，得到过免学费的奖励。

　　钱学森报考上海交通大学，本来是想为中国造出世界上最先进的火车，可是到了大学四年级，眼看要毕业了，他却要改学航空学了。这是为什么呢？原来，1932年1月28日，日本军队在上海

挑起事端,进攻中国军队,还用飞机轰炸中国的工厂和民房,造成上海人民严重伤亡。钱学森看到日本侵略军的飞机这样猖狂,就下决心改学航空学,他要为中国造出最先进的飞机,让中国的蓝天永远属于中国人。因此,大学毕业后,他通过了清华大学第二届赴美公费留学资格考试,于1935年9月进入美国麻省理工学院航空系学习。有一次毕业实习,学校组织学生参观飞机制造厂。可是到了工厂门口,制造厂允许其他国家的学生进厂,却不准中国学生进。钱学森质问制造厂的人:"为什么不让中国人进工厂?"那人冷冷地说:"你可以不学,回到中国去。"

这分明是对中国人的歧视!钱学森一怒之下转入加州理工学院,师从美籍匈牙利科学家西奥多·冯·卡门。冯·卡门教授是空气动力学的顶尖科学家,后来被称为"超声速飞行之父"。他对中国人民很友好,除钱学森之外,郭永怀也是他的学生。后来,钱学森还成了冯·卡门的得力助手,他们共同创立了"冯·卡门-钱学森近似公式"。在加州理工学院,钱学森先后获得了数学博士、航空工程硕士和航空博士等学位。他还为美国火箭和导弹的发展做出了突出贡献。美国作家维奥斯特说:"钱学森是帮助美国成为世界第一流军事强国的科学家的银河中的一颗明亮的星。"

中华人民共和国诞生后,一直心系祖国的钱学森和夫人蒋英于1950年准备回国,但是他们的归国之路却异常坎坷。这时,美国掀起了一股反共浪潮,美国政府怀疑钱学森是美国共产党员,取消了他参加机密研究的资格。为了阻挠钱学森回国,美国移民管理局甚至把他关进位于特米纳岛上的监狱,看守们夜里每隔15分钟就开一次灯,不让他睡觉。在短短12天里,他就瘦了14千克,出狱时,连语言都出现了障碍。他前前后后遭到了美国当局长达 5 年的扣留和迫害。然而,美国政府的恶行更加坚定了钱学森归国的决心。由于他和蒋英的机智勇敢,以及中国政府的大力营救,钱学森一家终于在 1955 年秋天,踏上了祖国温暖的土地。

当时的中国,工业和科研基础都很薄弱,连汽车都无法生产。许多人认为,中国不可能制造出导弹这样的尖端武器。因此,钱学森一回到祖国,陈赓大将就问他:"中国能不能造导弹?"钱学森豪气冲天地说:"为什么不能? 外国人能造,中国人同样能造!"陈赓高兴地说:"好,我要的就是你这句话!"

钱学森后来说,当时他是憋了一口气说这句话的,他要为中国人争气。

此后,钱学森担任了中国科学院力学研究所所长,中国火箭、导弹研究机构——国防部第五研究院的首任院长。钱学森提出的中国应当发展航空,尤其是导弹的建议,受到了党中央的高度重视。在宴会上,毛主席还请他坐在自己身边,和他亲切交谈。国家领导人的平易近人、虚心求教,给钱学森留下了深刻印象。

20 世纪 60 年代初,中苏关系恶化,苏联撤走专家,撕毁协议,中国又遇到三年严重困难。在这"高天滚滚寒流急"的时期,在钱学森领导下,中国于 1960 年 11 月 5 日成功发射了第一枚仿制的地对地导弹"东风一号"。

1964 年 6 月 29 日,完全由中国自行设计制造的"东风二号"导弹也试射成功。有了这个成果,钱学森和赵九章向党中央建议,中国的人造卫星研制可以上马了,而且可以快马加鞭了。

1966 年 10 月 27 日,完全由中国人自己设计制造的"东风二号甲"导弹,载着原子弹弹头冲天而起,并且准确命中预定目标,实现核爆炸,震动了全世界。钱学森为祖国的国防事业又立新功。

1965年,中共中央批准了钱学森和赵九章提出的发展人造卫星的建议,这个工作以"651工程"的名义全面展开。中间虽然经历了曲折,但是在钱学森和其他同志的努力下,我国第一颗人造卫星"东方红一号"终于在1970年4月24日用"长征一号"运载火箭发射成功,我国航天的"通天之路"被打开了。

此后,中国有了越来越强大的"东风"系列导弹,"长征"系列运载火箭,以及种类越来越丰富的卫星、飞船、航天探测器。中国已经成为一个航天大国,并且正向航天强国迈进。

除了在航天领域卓有建树外,钱学森还创新了工程控制论。在中国制定《1956—1967年科学技术发展远景规划纲要(修正草案)》(简称《十二年科技发展远景规划》)的工作中,他发挥了引领作用。他在治理沙漠、建设绿色城市等许多方面,都有重要贡献。

钱学森功勋卓著,却淡泊名利,始终保持着一位爱国科学家的崇高品格和一位共产党员的高风亮节。他不仅是一位世界著名的科学家,更有着一颗炽烈的中国心。他说过,自己一生有三次最为激动的时刻:第一次是在他得知终于能够回国的时候,第二次是他光荣地加入了中国共产党的时候,第三次是中央组织部授予他"共产党员优秀代表"称号的时候。从他的"三次激动"中,人们可以窥见他不慕虚名、淡泊名利、鞠躬尽瘁的崇高思想境界。

2009年10月31日,98岁的钱学森化作了一颗不仅在宇宙中闪光,更在中国人民心中永不陨落的星星,激励着后人为建设强大的中国而奋斗。

(边东子)

星档案

星人物　戴文赛	星编号　3405
发现日　1964-10-30	命名日　1994-5-25
发现者　中国科学院紫金山天文台	

"种星"之星——戴文赛 "种星星"的人

戴文赛(1911-12-19～1979-4-30),福建漳州人。天文学家。1932年毕业于福建协和大学。1937年通过了中英庚款留学资格考试,赴英国剑桥大学攻读天文学,1940年获英国剑桥大学博士学位。1941年回国,历任中央研究院天文研究所研究员、燕京大学教授、北京大学教授、南京大学教授。1954年任南京大学天文系副主任,1962年任该校天文系主任。

星成就　中国现代天体物理学、天文哲学和现代天文教育的主要开创者与奠基人。提出"宇观"这一新概念，阐述微观、宏观、宇观三个不同层次间的差别和联系，开创了中国天文学哲学领域中对宇观过程的特征和规律的研究。为国家培养了大量天文人才，其中许多人已成为我国各天文台站的骨干力量。

星荣誉　被称为"中国天文界的伯乐"。

星金句　对发展我国天文学事业，我有着不可推卸的责任。

"种星星"的人

群星在夜空中闪烁，南京大学的操场上，一群青年学生正围绕在一位老师身边，听他讲述着星座的名称、星等、谱型，还有相关的神奇动人的神话故事，这位老师就是戴文赛。

1911年，戴文赛出生于福建漳州，17岁考入福建协和大学，1937年赴英国剑桥大学攻读天文学，1940年获得博士学位。他的博士论文水平很高，直到20世纪60年代还有人引用。此后，他婉拒了导师的挽留，毅然回到尚在抗战烽火中的祖国，在昆明的中央研究院天文研究所任研究员，后来又转到燕京大学教数学。

戴文赛精力充沛，多才多艺，是燕大有名的活跃分子。他喜爱文学，爱好滑冰，善唱歌，能游泳，会弹钢琴，甚至会作曲。因为精通数学，他打桥牌总是稳操胜券。不过，他最爱的还是谈论他的星星，就连和文静娴雅的中学女教师谈恋爱，也经常"跑题"，滔

滔不绝地谈起了星星……

　　1953年,戴文赛作为抗美援朝慰问团分团长,赴朝鲜慰问中国人民志愿军。志愿军英勇作战的动人事迹深深感动了他。他感受到作为一个中国人的自豪,又觉得和志愿军比起来,自己对祖国的贡献太小了。因此,从朝鲜回来之后,他就暗暗下了决心:到南京去。因为那时我国天文学研究的主阵地在南京。为此,他说服了习惯在北京生活,也习惯了听他讲星星的夫人,于1954年举家迁到了南京。

　　当时,成立才两年的南京大学天文系教师不到10人,半数还是初出茅庐的大学毕业生,而且教学计划、课程设置都没有落实,教材及资料也严重缺乏。但戴文赛迎难而上,指导青年教师讲课、搞科研,还亲自讲授基础课和专业课,带学生实习,并且根据我国的国情完善教学计划,制定专业课程,编写教材,为南京大学天文系打下了坚实的基础。

他在恒星光谱、恒星天文、星系结构及太阳系的起源和演化方面都取得了卓越的成就。他提出了"宇观"这一新概念,详细阐述了宇观、宏观、微观的差别和联系,还进行了深入研究,这在中国天文学哲学领域中是一个创新。他还提出了太阳系起源的一种新学说——新星云说。他对提丢斯-波德定则,对木星、土星、天王星的卫星和环带的形成及角动量分布,都做出过开创性的解释,曾获得中国第一届科学大会的奖励。

他培养了许多学生,"种"出好几颗"星",曲钦岳就是他"种"出的一颗"星"。曲钦岳后来成为我国最早开展高能天体物理学研究的天文学家,1999 年,国际编号 3513 的小行星就被命名为"曲钦岳星"。戴文赛还担任过南京大学天文系主任。

戴文赛曾独具慧眼,发现了本是南京一家工厂技术人员的陆埮,并把他调到南大天文系,还让他在重要的学术会议上做主讲。在这之前,人们以为陆埮只是一个业余科学爱好者。由于戴文赛的力推,人们才知道,这个"业余爱好者"竟是北大物理系毕业,曾在中国科学院原子能研究所和哈尔滨军事工程学院工作过的、水平很高的专业科技工作者。陆埮后来成为我国伽马射线暴研究的奠基人,主持过多项国家科研项目,引领和推动了我国高能天体物理的发展,培育了许多人才。2003 年,陆埮当选中国科学院院士,2008 年获何梁何利基金科学与技术进步奖,2012 年国家天文台将第 91023 号小行星命名为"陆埮星"。

戴文赛在南京大学天文系"种"出的还有"苏定强星"。苏定强 1959 年在南大天文系毕业后留校,任助教、教授、研究员直到博士研究生导师,他对直径 30 米到 100 米的天文望远镜有深入的研究。1991 年,苏定强当选中国科学院院士,国家天文台以他的名字命名了第 193366 号小行星。

戴文赛"种"出的还有"孙义燧星"。1959 年,孙义燧毕业于南京大学天文系,主要从事天体力学和非线性动力学研究,他与人合作解决了对于给定的三体位置其轨道位置变化的问题。1997 年,孙义燧当选中国科学院院士,国家天文台将第 185640 号小行星命名为"孙义燧星"。

能"种"出如此多的"星",难怪戴文赛被称为"种星星的人"。"锄禾日当午,汗滴禾下土",种庄稼辛苦,"种星星"也同样辛苦,何况他还取得了那么多科研成果。因此,他必须争分夺秒地工作。

和他相守一生的夫人刘圣梅想让他活动活动,问他什么时间能去买点东西,他头也不抬地说:"星期天!"

夫人想跟他谈谈工作和生活,问他什么时候有空,他的回答还是"星期天"。

有一天,夫人又说:"有空咱们一起去走走吧。"他仍是头也不抬地说:"星期天。"

夫人又好气又好笑,因为这天就是星期天。

因为积劳成疾,戴文赛患了癌症,但他和病魔展开了一场赛跑。在一年多的时间里,他完成了十多万字的手稿,还写了两篇论文,修改了一部书稿,参加了国际学术交流活动……

1979年4月30日,戴文赛教授辞别了人世。人们把他的一部分骨灰撒在了南京大学天文台的穹顶上,因为在这里可以看到夜空中他"种"的星星。

(张文静)

星人物	钱伟长	星编号	283279
发现日	2007-5-16	命名日	2020-2-5
发现者	中国科学院紫金山天文台		

力学之星——钱伟长 物理不及格的物理学家

钱伟长（1912-10-9～2010-7-30），江苏无锡人。著名力学家、教育家。1940年赴加拿大多伦多大学应用数学系学习，主攻弹性力学，1942年获多伦多大学博士学位。1946年回国后被聘为清华大学机械系教授兼北京大学、燕京大学教授。曾任中国科学院力学研究所副所长，中国科学院自动化研究所所长，中国力学学会第一届、第二届理事会副理事长，清华大学教务长、副校长，上海工业大学校长，上海大学校长，中国海外交流协会会长，中国和平统一促进会会长等职务。

星成就   在应用数学、力学、物理学、中文信息学、弹性力学、变分原理、摄动方法等领域有重要成就。

星荣誉   1955年当选中国科学院学部委员（院士）。1956年被波兰科学院聘为外籍院士。南京大学、南京航空航天大学名誉校长，上海市欧美同学会名誉会长，江南大学名誉校长、名誉董事长，暨南大学名誉校长、名誉董事长，扬州大学名誉董事长，上海大学附属中学名誉校长，天津市耀华中学名誉校长。

星金句   祖国的需要就是我的专业。

物理不及格的物理学家

1931年，日本帝国主义在东北发动了"九一八"事变，东三省沦入日本帝国主义之手，中国人民义愤填膺。在清华大学，热血青年们纷纷要求改学与国防科技有关的学科，物理自然就成了热门专业。有意思的是，一个历史系的学生也在要求改变专业的行列中，他发誓要为中国造飞机、造坦克、造枪炮，打日本，收回东北失地。他的热情感动了老师们。物理系的吴有训教授对这个学生很感兴趣，因为在他身上，吴有训看到了年轻人热爱祖国的崇高品德和满腔热情，这个历史系的学生就是钱伟长。但很快，一瓢冷水泼到了钱伟长头上。吴有训教授找到他，说："我查了你以前考大学的卷子，你这样的成绩怎么能学物理呢？"

原来，钱伟长虽然家学渊源，但长辈们都是学文科的，所以

他精通文学、历史。高考时,他的语文和历史都得了惊人的100分,可是化学和数学都只有20分,更加惨不忍睹的是物理和英语,他的物理考了5分,英语干脆就是0分,因为他从来没有学过英语。

物理系对钱伟长关上了大门,可是他并不甘心,他仍然坚持要改学物理,不是托这位教授说情,就是找那位教授讲理,尤其是吴有训教授,更是被他抓住不放,软磨硬泡。"精诚所至,金石为开",吴有训教授觉得钱伟长爱国情深,凭着这种精神,说不定真的能成长为一个物理学方面的人才呢。终于,吴有训教授同意钱伟长进入物理系了。不过,教授有言在先,就是到学年结束时,钱伟长的物理和微积分都要超过70分。另外,学化学是必要的,体育锻炼也得加强。钱伟长毫不犹豫地答应了这些条件,凭着对祖国的热爱,凭着对敌人的仇恨,钱伟长夜以继日地刻苦学习,加上吴有训和其他老师的指导,他达到了吴有训教授的要求,在1935年物理系的毕业考试中还得了第一名。

1939年,钱伟长参加第七届中英庚款留学考试,录取名额只有20个,报考的却有3000多人,他报考的力学专业只有一个名额,报考者竟有50多人。据钱伟长回忆,他和郭永怀、林家翘并列第一名,排名不分先后。那舍弃谁呢?爱才如命的老师们哪个也不愿割舍,结果叶企孙、饶毓泰等老师和留英庚款招生委员会讨论后,决定三个人全部录取,这也是庚款留学计划中绝无仅有的事例了。

可是,当钱伟长等中国赴英留学生在上海登上"俄国皇后号"

轮船时,忽然发现,他们的护照上竟然有日本的签证,声称"允许在横滨停船三日,上岸游览"。

看到日本的签证,钱伟长和郭永怀等人义愤填膺。他们拒绝承认日本签证,毅然提起行李下船了。他们的行动受到了所有在场的中国人的赞誉。

1940年,钱伟长他们终于得到转赴加拿大留学的机会。在加拿大多伦多大学,他师从辛其教授学习弹性力学,研究薄壳理论。

抗日战争胜利后,激动不已的钱伟长立刻返回祖国,在清华大学、北京大学和燕京大学任教。1948年,国民党反动派挑起的内战导致物价飞涨,经济混乱,人们的生活十分困难、窘迫。这时,美国的一位朋友问钱伟长是否愿意到加州理工学院任教,可钱伟长坚决拒绝了,他说:"归根到底,我这一生都是一个爱国主义者。"

中华人民共和国成立以后,钱伟长在北京大学创立了中国第一个力学专业,出版了中国第一本有关弹性力学的专著。他在担任中国科学院力学研究所副所长期间,和钱学森、郭永怀等一起,规划远景,培养人才,为研究所打下了良好的基础。此后,由于受到政治运动的影响,他一度处境困难。但不管在什么时候,他都心系祖国力学的发展,为我国的力学研究和飞机、潜艇的发展出谋划策。他主持编纂了许多科技方面的图书和刊物。他重视人才的使用,就连被击落的国民党空军U-2飞机驾驶员,在释放后也给他当过助手,帮助翻译《应用数学和力学》的稿件。他还担任了多所大专院校的校长或名誉校长,为祖国培养出许多优秀人才。由于他的学术贡献和爱国精神，人们把他和钱学森、钱三强并称为中国科学界的"三钱"，并把他们当作新中国杰出科学家的代表。

（边东子）

星人物	钱三强	星编号	25240
发现日	1998-10-16	命名日	2003-10-17
发现者	中国科学院国家天文台		

核科学领军之星——钱三强

他组建的队伍"满门忠烈"

钱三强(1913-10-16～1992-6-28),中国共产党党员。浙江湖州人。核物理学家。1936年清华大学毕业,后在法国居里实验室工作,师从伊莲娜·约里奥-居里和约里奥-居里,获法国国家博士学位。曾任中国科学院近代物理研究所(即后来的原子能研究所)所长,中国科学院计划局副局长,二机部副部长,中国科学院副院长等职。

星成就　与何泽慧合作发现原子核三分裂、四分裂。中国原子
　　　　能科学事业的创始人。为中国核武器的研制选拔了一
　　　　批精兵强将,中国核武器研究部门因此被誉为"满门
　　　　忠烈"。

星荣誉　1955年当选中国科学院学部委员(院士)。1999年被
　　　　追授"两弹一星"功勋奖章。

星金句　我们需要科学的思想方式和工作方式,需要适应时代
　　　　潮流的现代意识、现代知识和现代文化观念,更要有决
　　　　胜的胆略和气概去从事现代化建设。

他组建的队伍"满门忠烈"

　　1964年10月16日下午3时,新疆罗布泊,随着春雷般的巨
响,一朵蘑菇云腾空而起,中国第一颗原子弹爆炸成功了! 这天,
恰好是钱三强51岁生日。

　　钱三强原名钱秉穹,在上中学时,他学习、体育、音乐等样样
都强。因为他和几个朋友非常要好,互称兄弟,他排第三,所以这
些兄弟就称他为"三强"。他的父亲,著名文字学家钱玄同偶然得
知这个绰号后认为,"三强"这个名字很好,同时也认为原来的名
字"秉穹"不好认,也不好写,于是"钱秉穹"就变成了"钱三强"。

　　中学毕业时,钱三强本想报考以工科见长的上海交通大学去
学习工科,可交大是用英语教学的,钱三强在中学学的是法文。
于是,他决定先考北京大学预科,在那里把英语攻下后,再去考交

大。凭着顽强的毅力和过人的天赋,钱三强仅用了一个学期,就以不错的英语成绩考进了北大预科。不料,将要毕业了,钱三强突然改报清华大学物理系,想改学物理了。这是因为他在上物理课时,被吴有训教授生动的讲解吸引住了,他决心改变志愿,投身于美妙的物理世界中。

在即将进入清华大学时,父亲为钱三强题写了四个大字"由牛到爱"。父亲说,学物理就要做出牛顿和爱因斯坦那样的成就;学习就要像牛那样苦干,渐入佳境后,就会爱上这门学科。从此,"由牛到爱"就成了钱三强的座右铭。

大学毕业后,钱三强赴法国深造,师从居里夫人的女儿伊莲娜·约里奥-居里,并且认识了她的先生、著名的核物理学家约里奥-居里。不久,他就给约里奥-居里当了助手,而他的博士论文则由伊莲娜·约里奥-居里和约里奥-居里共同指导完成。钱三强学习、工作都很出色,从不在公开场合表扬学生的约里奥-居里,竟破例表扬了钱三强。不久,钱三强得到了法国国家博士学位。

1946年,钱三强和夫人何泽慧发现了原子核的"三分裂"现象。接着,何泽慧首先发现,并且经钱三强确认,又发现了原子核"四分裂"现象的存在。热情高涨的媒体因此称他们是"中国的居里夫妇"。

"科学没有国界,但是科学家有祖国"是钱三强一贯的信念。1948年,钱三强与何泽慧舍弃了法国优越的工作和生活条件,毅然回国了。钱三强在清华大学任教,同时在北平研究院原子学研究所工作。这个研究所一共只有五人,而真正的研究人员只有钱三强夫妇和后来成为"两弹一星"元勋的彭桓武。因为经费和设备奇缺,钱三强他们只好从天桥的旧货摊上买点工具,自己动手制作一些简单的设备。然而,中华人民共和国成立前夕,中共中央就应钱三强的要求,拨出在战争时期深藏在秘洞里的5万美元,供他购买仪器和图书。那时的5万美元堪称巨资,钱三强非常感动。中国科学院成立后,他担任了近代物理研究所所长,这个研究所就是后来的原子能研究所。王淦昌、彭桓武、赵忠尧、杨承宗……都为了一个共同的目标走进了这个研究所。

1955年,党中央决定发展中国自己的核武器。为了支援核武器的研究,中国科学院把原子能研究所的成建制交给了主管核工业的二机部,不过实际上还是双重领导,叫作"出嫁不离家"。钱三强任中国科学院原子能研究所所长、二机部副部长,真正是重任在肩。

钱三强知人善任,不少参与核武器研制的"两弹一星"功臣都来自他的全力举荐。然而,选拔和推荐人才,并不是一件容易的事,除了要有伯乐之才外,还要有敢于坚持真理的勇气和实事求是的精神。

1958年,钱三强选定了邓稼先。邓稼先回国时年仅26岁,人称"娃娃博士",可是钱三强勇于起用年轻人,让他挑起了重担。邓稼先为原子弹和氢弹的研制做出了重大贡献,直至献出了生命,他被称为"两弹元勋"。

周光召品学兼优,尤其在数学方面造诣很深,正是核武器研制急需的人才。可按那时的用人条件,他"社会关系复杂",一般是不能被重用的。钱三强不惜承担政治风险,让他加入到核武器的研究中,并且充分信任他,而周光召回报这种信任的,是对核武器研制的重大贡献。

1960年底，中国的原子弹还在研制中，钱三强就开始组织氢弹的理论研究。正是钱三强的高瞻远瞩，大大缩短了中国的氢弹研制时间。中国在原子弹研制成功后仅仅两年零八个月，就成功地爆炸了第一枚氢弹，而走完这段路程，美国用了七年零四个月，英国用了四年零七个月，苏联用了近四年，法国竟用了八年零六个月。这步好棋能够取得成功的重要因素，就是钱三强大胆地起用了于敏。于敏是一位有个性、有追求的青年科学家，可是他没有留过洋，学历要差一些。然而，钱三强敢于不拘一格用人才。后来，参与氢弹研制的人们认为，如果不是于敏，氢弹理论的突破至少要推迟两年时间。

钱三强有很高的学术成就，有很强的组织能力，有长远的目光，有把祖国建设成现代化国家的强烈愿望，这些都是他能成功领导核武器研制的原因。

有人曾撰文称钱三强为"中国的原子弹之父"，他很不高兴。他说，核武器是许多人共同奋斗的结果，不是哪一个人的功劳。的确，中国的核武器研制队伍中，有着太多的英雄。正如有人说的，这支队伍"满门忠烈"，而这支队伍的领军人物，就是钱三强。

（边东子）

星人物	王大珩	星编号	17693
发现日	1997-2-15	命名日	2010-2-26
发现者	中国科学院国家天文台		

驭光之星——王大珩 让中国光学放光

王大珩(1915-2-26～2011-7-21)，中国共产党党员。江苏吴县(今苏州)人。著名光学家，杰出的战略科学家、教育家。历任哈尔滨科技大学(今哈尔滨理工大学)校长，中国科学院长春仪器馆馆长，中国科学院长春分院院长等职，还曾任中国光子学会名誉理事长，中国仪器仪表学会名誉理事长，中国计量测试学会名誉理事长，中国科协副主席。

星成就　　中国现代光学的奠基人和引领者,中国国防光学事业的奠基人之一。开创了中国的许多个"第一",为中国"两弹一星"研制出多种光学设备,"863高科技计划"的首倡者之一。启动中国大飞机工程的倡议者之一。

星荣誉　　1955年选聘为中国科学院学部委员(院士)。1985年获国家科学技术进步奖特等奖。1994年当选中国工程院院士。1999年获"两弹一星"功勋奖章。

星金句　　须当爱国者,志把中华兴。

让中国光学放光

那是1948年,王大珩从英国归来不久,因为在国民党政府统治下无法施展报国之志,所以他决定展翅高飞。他告诉朋友,他要回英国了。他还拿出了一封电报给朋友们看,那是他曾经供事的英国昌司公司老板发来的,邀请他重返公司工作,并许以高薪。王大珩还将船票拿出来"晒"。朋友们看到了,不免带着惋惜的心情说:"到了英国,可不要忘了我们这些在国内的老朋友啊。"

亲友们一直送他登上轮船,并且看着轮船起航远去。送行的人们有些心酸:王大珩在英国有称心的工作、丰厚的收入,他哪里还会回来呢! 想再见,恐怕是遥遥无期了⋯⋯

可是谁都没有料到,王大珩根本就没有去英国。他婉拒了昌司公司的邀请,冒着危险,在香港转乘另一艘轮船,绕道奔向了刚刚解放的大连,参与了筹建大连工学院的工作。原来,王大珩早

已经和地下党取得了联系，他决心在中国共产党的领导下，投入到新中国的建设中。

王大珩出生的时候，正值日本帝国主义强迫中国签订"二十一条"之时，这一不平等条约令中国人民义愤填膺。他的父亲王瑛玮是一位爱国的地球物理学家，他为王大珩取了一个小名"膺东"，意为义愤填膺，声讨东洋。

1938年，王大珩得到了赴英国留学的机会，可是两年后，他突然放弃了唾手可得的博士学位，进入了英国的昌司公司工作。他为什么会做出这样反常的决定呢？因为祖国的抗战需要大量的望远镜、瞄准镜、炮队镜，而它们都离不开光学玻璃。当时世界上只有极少数国家能制造这种玻璃，他们都对相关技术严格保密。王大珩进入这家以生产光学玻璃著称的昌司公司，就是为了掌握光学玻璃的制造技术，将来为祖国服务。不过他也因此失去了博士学位。钱三强就说过："大珩不是不知道没有博士学位对个人的不利影响，但是为了国家将来需要，做了与众不同的选择，在那个时候真是难得。"

1948年，王大珩回到了祖国，但是他很快就感受到了国民党反动统治的黑暗和腐败。因此，他才不顾风险，辗转奔向了刚刚解放的大连。在大连工学院，他成了物理系第一任主任。

1952年，王大珩克服资金缺乏等困难，领导科研人员自造仪器、自盖房屋、自修道路，建起了中国科学院长春仪器馆，也就是后来大名鼎鼎的中国科学院长春光学精密机械与物理研究所（简称"长春光机所"），并且和龚祖同等专家一起研制成功中国第一埚光学玻璃，为中国的科学和国防事业解了燃眉之急。

1960年,一条消息轰动了世界——美国研制出第一台红宝石激光器。然而仅仅14个月之后,长春光机所就研制出了中国的第一台红宝石激光器,为中国人民大争了一口气。

60年代中期,经过五年艰苦奋斗,长春光机所试制出只有极少数国家才能制造的大型精密跟踪电影经纬仪,并成功应用于我国新型导弹的试验中。

70年代,王大珩为我国的第一颗返回式卫星装上了高分辨率照相机。从此,天上只有外国对地观测卫星的时代结束了,中国也可以饱览世界风光了。

80年代,王大珩领导科技人员把大型精密跟踪电影经纬仪装在了"远望号"测量船上。这项任务困难很多,船的晃动,乃至甲板上的反光都会影响跟踪仪的稳定性。这些难题都被他的科研团队一一破解。"远望号"测量船有了这个利器,为我国的航天测控提供了坚强保障。

王大珩还是一位高瞻远瞩的战略科学家,常常为国家的发展提出具有战略眼光的建议和规划。1955年,在制定《十二年科技发展远景规划》时,他负责牵头制定光学部分的内容。在以他为代表的一批科学家的建议下,中国科学院技术科学部和中国工程院相继成立,大大推动了我国技术科学的发展。

曾经有人不重视国防科技发展,认为发展军品不赚钱,王大珩旗帜鲜明地批驳道,民品军品都要发展,但首先要发展军品。因为没有国家安全就无从谈发展。民品花钱就可以买来,军品就很难买,甚至根本就买不来。历史已经一再证明他是正确的。

王大珩是"863高科技计划"的四位倡议者之一。20世纪80

年代,世界掀起了抢占高科技领域的浪潮。我国有些人认为,中国的当务之急是赚钱,而不是发展高科技,还有人相信能够"以市场换技术"。但严酷的事实是,市场给了人家,高科技的核心技术却没有换来。王大珩和王淦昌、陈芳允、杨嘉墀四位"两弹一星"元勋、中国科学院院士、共产党员,联名向党中央提出建议:"中国必须在高科技领域占有一席之地。"王大珩托自己的学生把这份建议和一封信交给了邓小平同志。三天后,邓小平同志就做了批示:"此事宜速做出决断,不可拖延。"这就是著名的"863高科技计划"。"龙芯"、超级计算机、"神舟"飞船和"神光"装置等,都是这个计划结出的丰硕成果。

中国的大飞机研制曾经几起几落。有人甚至认为中国不用造大飞机,只要买,或是与外国厂商合造就够了。但王大珩认为,中国如果能造大飞机,不仅能节省大笔宝贵的资金,而且能带动冶金、机械、电子、化工等产业的发展,大大提高产业的技术水平。2003年5月,王大珩等专家向党中央提出建议:"中国应当发展大飞机,因为这是综合国力的体现。"现在,中国的民用飞机有望在世界飞机市场上做到"三分天下有其一",王大珩功不可没。

王大珩多才多艺,他写的相声不仅能让人捧腹大笑,而且有科学知识,富于哲理。他还会作诗,他曾经写了这样一首诗勉励在国外学习的子女:

异国风光好,莫忘爱国心。须当爱国者,志把中华兴。

其实,这也是写给每一个中华儿女的诗。

(边东子)

星人物	彭桓武	星编号	48798
发现日	1997-10-6	命名日	2006-9-25
发现者	中国科学院国家天文台		

核理论之星——彭桓武 他为什么拒收奖章

彭桓武(1915-10-6～2007-2-28),祖籍湖北麻城,生于吉林长春。理论物理学家。1935年毕业于清华大学,1940年获英国爱丁堡大学哲学博士学位。1947年回国,先后担任云南大学、清华大学、北京大学、中国科学技术大学教授,并参与创办中国科学院近代物理研究所。历任中国科学院近代物理研究所研究员、副所长,二机部第九研究院副院长,中国科学院高能物理研究所副所长,中国科学院理论物理研究所所长等。第一届、第二届、第三届全国人大代表。

星成就　　领导二机部第九研究院理论部完成了中国原子弹的理论设计，实现了"氢弹原理突破"。

星荣誉　　1948年当选爱尔兰科学院院士。1955年选聘为中国科学院学部委员（院士）。1982年获国家自然科学奖一等奖。1985年获国家科学技术进步奖特等奖。1995年获何梁何利基金科学与技术成就奖。1999年被授予"两弹一星"功勋奖章。

星金句　　回国不需要理由，不回国才需要理由。

他为什么拒收奖章

一枚金光闪闪的奖章摆在了彭桓武面前，他却摇摇头，拒绝接受。这是为什么？来送奖章的人百思不得其解，是奖章的规格不高吗？这可是国家自然科学奖一等奖奖章，是中国科学家的最高荣誉。是来送奖章的人对彭先生不尊重吗？来送奖章的人是时任核武器理论研究所的所长，对彭先生充满了敬意。

彭桓武天资聪颖，尤其是有很强的自学能力，加上学习努力，因而成绩优异。他清华大学毕业后，赴英国留学，老师是大名鼎鼎的量子力学大师玻恩教授。他成绩优秀，曾得到著名物理学家爱因斯坦和量子力学奠基人之一薛定谔的赞扬。1947年，他毅然回到祖国，希望为中国的原子能研究贡献力量。后来有人问他："你为什么要回到贫穷和战乱不断的中国？"他字字铿锵地说："回国不需要理由，不回国才需要理由。"

研制原子弹的工作非常复杂，任务艰巨，只有最优秀的科学家才能担此重任。彭桓武和王淦昌、郭永怀并称为早期中国核武器研制的"三大支柱"，邓稼先戏称他们为"三大菩萨"。彭桓武是二机部九所副所长（后改为九院，他任副院长），负责领导理论部的工作。

学生强还是老师强？这似乎是一个不必思考就能回答的问题。中国在研制原子弹时就遇到了这个问题。当时邓稼先等年轻科学家对一个重要数据进行了大量计算，得出了结果，但是这个结果与苏联专家留下的数据差距太大，到底哪个正确？这对原子弹能否研制成功至关重要。众所周知，在中国研制原子弹的初期，苏联给予过帮助，苏联专家当然是老师。因此，大家犹豫不决了，难道学生会比老师强？彭桓武凭着深厚的理论造诣和对中国科学家的了解，斩钉截铁地说："要相信我们自己的计算结果，那些听来的东西是靠不住的。"此话掷地有声。

终于，在周光召等人的努力下，证明了我们自己计算的结果是正确的。

造原子弹难，造氢弹更难。当时只有美国、英国和苏联能造氢弹，可是他们都对相关技术守口如瓶。然而中国必须拥有氢弹，因为这是关系到中国的国家安全和国际地位，关系到中国的独立和主权，关系到中国能否和平发展的大事。但是，当时我国的科研和工业水平与美国、英国、苏联相比还差得很远，中国能成功吗？中国的科学家向这个科技高峰发起了冲击。当时估计，法国的氢弹很快就会试爆，于是彭桓武提出，一定要让我们的氢弹赶在法国的前面试爆成功。彭桓武是在倒逼自己的团队加速前行,因为法国在 1960 年 2 月 13 日就成功试爆了原子弹。现在中国想后来居上,这可能吗?

要在众多的道路中,找出一条正确的道路是很难的,这既需要明察秋毫,也需要高瞻远瞩,还需要深厚的学术功底。在探索氢弹理论的道路上,彭桓武担起了寻路、选路的重任。在他的带领下,理论部的科研人员展开学术民主讨论会,大胆创新,对多条技术路径进行了探索,经过多位专家的艰苦努力,最终由于敏完成了氢弹理论的探索,这是突破性的进展。1967 年 6 月 17 日,中国的第一颗氢弹爆炸成功,震惊了世界。它成了中国人民不怕封锁,不畏核威慑、核讹诈的证明,它宣告了中国必将跻身于世界科学技术的前列。

从原子弹到氢弹,人才济济、财力雄厚的美国用了七年零四个月。老牌工业国、曾和美国共享核机密的英国用了四年零七个月。当时如日中天、唯一能与美国争霸的苏联用了将近四年。而出过居里夫妇、核科学水平一度雄踞世界之首、原子弹爆炸成功时间比中国早四年的法国竟耗时八年零六个月,远远落在了中国后面,令法国总统戴高乐"龙颜大怒"。

在中国原子弹设计、氢弹理论突破方面,彭桓武立下了汗马功劳。他因此获得了国家自然科学奖一等奖,并且是第一完成人。但是彭桓武就是不肯接受奖章,尽管来人反复说明这枚奖章按规定只能授予第一完成人,依然无济于事。

正在双方僵持不下时,彭桓武的脸上突然露出了难以捉摸的笑。他"妥协"了,口气变软了,他说:"好,我收下吧。"

来送奖章的所长长长地松了口气,认为可以完成任务了。不料接下来彭桓武却说:"这奖章我收下了,就是我的了,我就有权处理它。我把它送给九所的全体同志。"他随手撕下一页白纸,用笔写下:"集体、集集体,日新、日日新。"

核武器的研制成功靠的是集体力量,自己只是这个集体中的一分子,这是彭桓武一贯的思想。

1995年,彭桓武获得了"何梁何利奖",获奖金100万元港币。他把这笔钱都用来资助30多位生活困难的同事和朋友,每人3万元,直至把百万奖金全部送完。其实,他这时已经身患多种疾病,儿子患癌症,正需要用钱。

这就是彭桓武。虽然他是一颗星,虽然中国不乏追星族,但有多少人知道他的名字,他的功绩?什么样的星才能让国家强大、人民幸福,这是我们必须认真思考的问题。

(张建民)

星人物	卢嘉锡	星编号	3844
发现日	1966-1-30	命名日	2001-8-4
发现者	中国科学院紫金山天文台		

结构化学之星——卢嘉锡 先生之风,山高水长

卢嘉锡(1915-10-26~2001-6-4),出生于福建省厦门市。物理化学家、教育家。1937年厦门大学毕业后通过了第五届中英庚款公费留学资格考试,进入英国伦敦大学学习,1939年获博士学位。回国后在厦门大学、浙江大学、福州大学等高校任教。1981年任中国科学院院长。1988年当选第三世界科学院副院长,是担任这一职务的第一位中国科学家。

星成就　我国现代物理化学，尤其是结构化学的开拓者和奠基者。

星荣誉　1955年当选中国科学院学部委员（院士）。1984年当选欧洲科学院院士。1985年当选第三世界科学院院士。1991年获国家自然科学奖一等奖。1993年获国家自然科学奖二等奖。1999年获何梁何利基金科学与技术成就奖。

星金句　多少神州兴废事，富强当见锦添花。

先生之风，山高水长

　　1915年10月26日，卢嘉锡出生于福建省厦门市，他的父亲是一位私塾先生。少年时代的卢嘉锡在厦门读小学和初中，13岁就进入厦门大学预科班，15岁已经成为厦门大学化学系的大学生了。1934年，卢嘉锡毕业后留校当了助教，同时还兼任厦门省立中学数学教师。

　　青少年时期的卢嘉锡目睹了国家的积贫积弱和被外敌入侵的悲惨景象，他怀着科学救国的志向，于1937年8月通过了第五届中英庚款公费留学资格考试，赴英国伦敦学习。

　　在英国，卢嘉锡仅用了两年时间，就在伦敦大学物理化学系获得了博士学位。随后，他又赴美国加州理工学院，跟随杰出的化学家、诺贝尔奖获得者鲍林学习，并从事结构化学研究。卢嘉锡从此开始在国际科技界崭露头角。

1945年冬，经历八年多留学生涯的卢嘉锡毅然拒绝国外的聘请，舍弃优越的待遇和科研条件，回到母校厦门大学化学系任教授兼系主任。

卢嘉锡讲课的方法很独特，他不是照本宣科，而是把提纲记在一张小卡片上。拿着这么一张小小的卡片，他就能滔滔不绝地讲两节课。神奇吗？其实这是因为他早已经对各种教材和教材里的定理、公式、数据烂熟于心，并且将其融为一体，变成自己的生动语言向学生讲述。他讲课不仅逻辑性强、概念清楚、条理明晰，而且能化抽象为形象，化深奥为浅易，化枯燥为幽默，即使一些难懂的定理、定律，他也能讲得深入浅出，让学生一听就明白。加上他讲课声音洪亮，板书清秀工整，使学生如沐春风，如临胜境，学生都说听他的课真是一种享受。

由于卢嘉锡独特的教学方法、丰富的办学经验和深邃的教育思想，厦门大学化学系迅速崛起，在中国高等院校化学专业中名列前茅。卢嘉锡还应浙江大学校长竺可桢和浙江大学理学院院长胡刚复的聘请，两度到该校讲授物理化学课。

新中国成立后，在国家支持下，卢嘉锡开启了创业之路。他建立了中国科学院福建物质结构研究所，在他的领导下，研究所制订了详细具体的规划，形成了浓厚的学术气氛。为了实现我国在晶体材料方面赶超世界水平的目标，卢嘉锡提出了发展结构化学的战略思想。

在他多年的努力和精心培养下，中国科学院福建物质结构研究所已经形成一支门类齐全、基础扎实、训练有素的科研队伍。研究所在结构化学和晶体材料科研领域不断取得新成果，使我国在某些方面已经跻身世界先进行列。

有点化学知识的人都知道,大豆的根瘤能够把空气中的氮变成氨,而空气中有五分之四是氮气,氮被植物吸收,转化成氨,又被合成蛋白质等营养物质。因此,国内外许多科学家致力于研究固氮酶的结构。他们希望有一天,人类能够在常温常压下,把空气中的氮变成氨,进而将它们转变成人类可以吸收的营养物质。1979年,国际上对固氮酶结构的认识还处在探索状态,这时,卢嘉锡组织科研人员开展了一系列研究。结合大家的研究成果,他用一种看似简便的称为"毛估"的方法,提出了一种固氮活性中心结构模型。这种模型因为有独创性,被称为"福州模型",又因为它的样子像网兜,又被称为"网兜模型",而国外直到四年后才陆续提出了类似的模型。

1992年,美国科学家终于测定出实际的固氮酶基本结构,结果证明,外国科学家在这之前提出的种种设想都跟实际的固氮酶结构大相径庭。而九年前由卢嘉锡提出的网兜状结构,是世界上最早提出的固氮酶基本结构模型之一,这是非常重要的成果。

由于是卢嘉锡最早在国际上提出"福州模型",并推动了我国结构化学研究从无到有、从弱到强,他成为我国现代物理化学,尤其是结构化学的开拓者和奠基者,为我国化学研究跻身世界前列做出了开创性贡献。1988年,卢嘉锡被任命为第三世界科学院副院长,他是担任这一职务的第一位中国人。

作为我国科技体制改革和制度建设的积极倡导者和重要组织者,卢嘉锡担任了中国科学院院长。时值改革开放之初,他从国家发展的大局出发,一方面大力加强基础研究和应用研究,另一方面积极推动科研院所的改革开放,为中国的科学发展做出了重要贡献。

2006年8月,在卢嘉锡逝世五周年后,他的子女根据他的遗愿,将他的全部奖金捐出,和中国科学院等单位共同发起创建了"卢嘉锡科学教育基金会",这项基金主要用于鼓励科技创新和人才培养,还特别在厦门设立了"卢嘉锡青少年创新奖",以体现他一生注重培育青少年人才的精神。

（王佳雯）

星人物	叶笃正		星编号	27895
发现日	1996-6-6		命名日	2010-5-4
发现者	中国科学院国家天文台施密特CCD小行星项目组			

气象之星——叶笃正　勇于创新,敢于超越

叶笃正(1916-2-21～2013-10-16),中国共产党党员。祖籍安徽安庆,出生于天津市。气象学家。曾在中国科学院地球物理研究所、南京大学、北京大学、清华大学、中国科学技术大学任职,并在1978年出任中国科学院大气物理研究所所长,中国科学院副院长。

星成就　　中国现代气象学的奠基人之一,全球气候变化研究的开拓者。

星荣誉　　1980年当选中国科学院学部委员(院士)。1981年当选芬兰科学院外籍院士。1987年获国家自然科学奖一等奖。2004年获国际气象组织奖。2006年获2005年度国家最高科学技术奖。

星金句　　我们不能跟在外国人后面去"同国际接轨",而要让外国人来同我们接轨。

勇于创新,敢于超越

叶笃正爱好打乒乓球,就因为打乒乓球,他才成了一名气象学家。那是1935年,叶笃正刚刚考入清华大学。不过,他学的专业是物理学。有一次,在和他的学长兼球友钱三强打乒乓球时,钱三强说:"你数理基础扎实,还是学应用科学比较好。你就念气象学吧,很多的物理学原理,也很适用于气象学。"他觉得钱三强这番话很有道理,就改学了气象学。

叶笃正生长在一个兄弟姐妹很多的大家庭中,父母对子女的要求很严格。他的学习成绩很好,中学考入了著名的南开中学,毕业后进入了清华大学。

叶笃正非常爱国,"一二·九"运动爆发后,叶笃正就奔赴山西前线,慰问抗日部队,两年后才回到学校。而这时,清华大学已经南迁到昆明,和北京大学、南开大学共同建立了西南联合大学。

1940年叶笃正毕业后,在浙江大学史地研究所边工作边攻读硕士学位。1943年取得硕士学位后,他进入中央研究院气象研究所任助理研究员。1945年,叶笃正赴美国芝加哥大学深造,师从著名气象学家罗斯贝,于1948年取得博士学位,并留校做研究工作,开始在国际气象学界崭露头角。

美国社会根深蒂固的种族歧视和对中国人的轻蔑,深深刺痛了他。有一次,叶笃正的一位同学到芝加哥办事,请叶笃正帮他找一个旅馆住。旅馆接待人员看到叶笃正,竟然说:"我们没有中国人的房间。"叶笃正闻听,怒火中烧,也更坚定了要让中国强大起来的决心。

听到新中国成立的消息后,叶笃正谢绝了美国同行的高薪挽留,乘坐"威尔逊总统号"轮船,于1950年10月回到祖国,投身于新中国的气象事业。他被任命为中国科学院地球物理研究所北京工作站主任,在北京西直门内一座旧房子里开始了艰苦的创业。叶笃正将全部精力投入到研究工作中,和竺可桢、赵九章等人一起,拉开了新中国大气物理研究的序幕,并取得了一系列研究成果。

他开创了青藏高原气象学。青藏高原被称为"世界屋脊",它的风雪寒热对气象影响很大。过去,有人认为青藏高原是一个冷源,它让中国和附近地区变得寒冷,也有人认为青藏高原是一个热源,双方的争论一直没有结论。叶笃正和一些科学家进行了深入的研究,发现青藏高原9月份到次年2月份是冷源,在夏天则是热源。这就颠覆了许多人认为青藏高原到处是皑皑雪山,只能给我们带来寒冷天气的认知。

他还发现，青藏高原的南支急流、北支急流以及它们汇合成的北半球最强大的急流，不仅严重影响东亚天气和气候，而且影响到中东太平洋，甚至南半球。

尊敬老师是公认的美德。叶笃正非常尊敬老师，他在和别人谈话时，在媒体上发表的文章里，或是在自己的论文中，都会满怀敬意地提到自己的老师，如竺可桢、赵九章、涂长望及美国的罗斯贝等名师。可是，他又敢于向权威挑战，甚至敢于质疑老师的结论。在气象学界，对于气压和风哪个因素对大气环流影响大，是有不同看法的。叶笃正的老师罗斯贝曾经针对传统观点提出一个新观点，认为风起主导作用。而叶笃正根据深入研究，认为老师的理论只在局部范围有效，在更大的、上千千米的大范围内，传统理论还是有效的。为此他创立了大气运动的适应尺度理论，明确解释了大气环流中究竟是以气压场为主导还是以风场为主导。这一理论完善了大气运动各分量的相互作用过程的物理解释，在天气预报业务中有着重要的应用价值。

尊敬老师而不迷信老师，向老师虚心学习又敢于超越老师，是叶笃正能够有所发现、有所创新的关键。而真正的老师，也希望自己的学生能够超越自己，并引以为豪。

在科研生涯中，叶笃正将自己和祖国的气象事业紧密地联系在一起，即便在“文化大革命”中，也不曾动摇。1978年，科学的春天来临，这年10月，叶笃正出任中国科学院大气物理研究所所长。第八个五年建设期间，叶笃正承担了国家重点科研项目之一的“我国未来20~50年生存环境变化趋势的预测研究”。1987年，国际科学联盟理事会任命他为国际地圈生物圈计划特别委员会委员。

叶笃正还积极参加全球变化科学组织的创立,并提出了许多重要的研究项目,如气候和植被过渡带的敏感性、全球变化中大气化学的作用和"有序人类活动"适应全球变化等。正是他的工作,使得中国在全球气候和环境变化的研究中占据重要的地位。

2004年,叶笃正获得了有"气象诺贝尔奖"之称的国际气象组织奖,成为获得这一奖项的中国第一人。

2006年1月9日,国家最高科学技术奖颁奖。91岁的叶笃正由于在大气动力学、青藏高原气象学、东亚大气环流、全球变化、大气运动适应尺度理论等领域的开拓性贡献,获得了这个中国科学界的最高奖项。

即便年逾九旬,叶笃正也仍然没有停止自己钟爱的研究工作。"我每天工作8小时,可是时间总是不够用。"多年来,他总是随身带着记事本,将自己想到的问题和偶尔出现的灵感记下来,并敦促自己尽快行动。"我想做的事情实在太多,如果在离开这个世界的时候,能够完成大部分计划,人生将没有遗憾。"

现在,叶笃正院士虽然离开了我们,但他化作了那颗正在宇宙中运行的小行星,提醒后人,去完成他未完成的计划。

（王佳雯）

星人物	陈芳允	星编号	10929
发现日	1998-2-1	命名日	2010-6-4
发现者	中国科学院国家天文台		

测星之星——陈芳允 10929和"北斗"

陈芳允（1916-4-3～2000-4-9），中国共产党党员。出生于浙江黄岩。无线电电子学家。毕业于清华大学物理系。1945年赴英国工作，1948年回国。曾任中国科学院近代物理研究所与电子研究所研究员、室主任，国防科学技术工业委员会测量通信总体研究所副所长。

星成就　　完成了中国第一颗原子弹爆炸时的测量任务,提出并成功研制多普勒卫星跟踪系统,提出并完成了微波统一测控系统,"863高科技计划"的首倡者之一,"北斗计划"的首倡者之一。

星荣誉　　1980年当选中国科学院学部委员(院士)。1985年获国家科学技术进步奖特等奖。1988年获国家科学技术进步奖一等奖。1999年获"两弹一星"功勋奖章。

星金句　　人生路必曲,仍需立我志。竭诚为国兴,努力不为私。

10929和"北斗"

　　你一定知道,北斗星是由七颗星组成的星座。然而你可知道,天上还有30颗星组成的"北斗",它除了能让航海家找到海港、飞行员找到机场、人们知道自己的位置外,还能帮助人们进行通信联络? 这是什么样的北斗? 它为什么有如此神通? 了解了那颗编号10929的小行星,你就能了解这一切。

　　陈芳允是"两弹一星"元勋,出生在浙江黄岩(今台州市黄岩区)。那里盛产蜜橘,金秋时节,到处是金灿灿的橘子。陈芳允虽然不是橘农,但他"种"出的金灿灿的"果实",挂满天空。

　　陈芳允儿时聪颖好学,中学上的就是名校——上海浦东中学。同为"两弹一星"元勋的王淦昌也是这所学校的学生。在"九一八"事变中,年仅十五岁的陈芳允就参加了要求国民党政府抗击日本侵略者的游行。爱国,是他一生不变的情怀。

高中毕业后,陈芳允报考了清华大学机械系,可是不久,他就想改学物理。吴有训、叶企孙等老师见他心诚,成绩也不错,就答应了他的要求。虽然在物理系他是个插班生,但他的成绩一直很好。

1938年年初,陈芳允进入西南联合大学学习。他对实用无线电课产生了浓厚的兴趣,并且在任之恭先生的推荐下,开始在清华无线电研究所做有关课题的学习和研究。毕业后,他进入成都一家由国民党政府办的无线电厂工作。

抗战期间,他受命为国民党空军安装从美国进口的导航设备,但他被要求把导航方向指向西安。这就奇怪了,日本侵略军占领的是我国的东北和东南地区,为什么导航台要指向由中国军队控制的西安? 陈芳允认为这里面有鬼,就离开了这家工厂。

1945年,陈芳允到了英国一家无线电厂,开始潜心研究雷达,直到1948年回国。同年5月,他被派到上海机场工作。因为不愿为国民党挑起的内战出力,他不顾受处分的危险,带着家人回到了家乡,家乡的橘花正香。

新中国成立后,陈芳允先在上海工作,1953年调到中国科学院近代物理研究所工作,后来又筹建中国科学院电子研究所。他工作积极,深得好评。

陈芳允为"两弹一星"事业立下过汗马功劳。1960年,中国开始研制原子弹,原子弹试验需要多脉冲鉴别器。陈芳允不仅提出了设计方案,而且研制出了多道脉冲分析器,为我国的第一颗原子弹爆炸取得了关键数据。

1965年,中国开始了人造卫星的研制工作,陈芳允担任了卫星测量总体技术负责人。他提出采用先进的多普勒跟踪系统,有人表示怀疑,这种系统虽然先进,却比较复杂,以中国当时的电子工业水平能保证成功吗? 在陈芳允的坚持和努力下,多普勒跟踪系统终于研制成功。陈芳允主持完成的卫星测量系统,不仅圆满完成了中国第一颗人造卫星的测量任务,而且为中国航天测控网的建立奠定了扎实的基础。

1970年,为了完成地球定点同步通信卫星的测控任务,陈芳允提出了"微波统一测控系统"方案,将通信卫星的跟踪、测轨和遥控统一到一个系统中。这样就可以大大减轻卫星的载荷,为卫星腾出更多的空间,也可以减少卫星天线的数目;相应地,地面设备的规模和数量便可以大大减少。为此,陈芳允参考了美国"阿波罗"登月飞船的测控系统,成功研制出有中国特色的统一测控系统。系统的各项功能更加合理,不仅可以运用于通信卫星,还可以用于载人航天器的测控。

中国要发射卫星、飞船,进行洲际导弹的全程飞行试验,就需要有远洋测量船。可是测量船上设备很多,弄不好,各种设备间会有严重的电磁干扰,电波和电波"打架",谁也无法正常工作。经过努力,陈芳允解决了"远望号"测量船电磁兼容的重大技术难题,让各种电子设备可以和谐相处,互不干扰。1980年,在中国向太平洋发射运载火箭的试验中,"远望号"测量船立了大功,陈芳允也立了大功。

20世纪80年代,世界掀起了一波争夺高科技领域制高点的浪潮。不仅美、苏,就连欧洲、日本、韩国也加入进来了。1986年,陈芳允和王大珩、王淦昌、杨嘉墀一起提出,中国也要在高科技领域占领一席之地。他们的建议得到了邓小平同志的支持,并促成了"863高科技计划"的产生。这个计划对中国科技水平的提高，起到了历史性的作用。

美国从20世纪60年代就开始研制开发全球卫星导航定位系统，简称"GPS系统"，到90年代已经非常完善。中国要不要发展自己的卫星导航定位系统，长期存在着争议。有些人认为，这个系统复杂、庞大，花费多，技术含量高，有现成的GPS系统用就可以了，不必另起炉灶。他们的说法貌似有道理，但陈芳允深深知道，这是关系到国家安全的大事，中国人的命脉不能掌握在别人手里。经过深入思考和广泛调研，1983年，陈芳允提出利用两颗同步定点卫星进行定位导航，即"双星定位"，而美国是用24颗卫星组网的。因此，中国可以大大减少组网费用，缩短组网时间。

2000年10月，两颗"北斗"导航实验卫星成功发射，标志着我国拥有了独立自主的卫星导航系统。不过，当时的这个系统只能为中国和周边地区提供导航、定位和通信服务。又经过了20多年的发展，随着中国国力的增强、航天技术的提高，2020年6月23日，有30颗"北斗三号"卫星的"北斗"全球卫星导航系统组网完成。它不仅可以为全球提供导航、定位服务，还可以提供通信服务，而这是美国、俄罗斯、欧洲的导航系统都没有的功能。在今天的国际形势下，人们尤其佩服陈芳允的高瞻远瞩。然而，当"北斗"系统在太空稳稳地运行时，陈芳允已经永远化作了天上的星，就是那颗编号为10929的小行星。

（张建民）

星人物	吴征镒	**星编号**	175718
发现日	2011-12-10	**命名日**	2012-6-4
发现者	中国科学院国家天文台施密特CCD小行星项目组		

植物学之星——吴征镒 植物学的"活电脑"

吴征镒(1916-6-13～2013-6-20)，中国共产党党员。江苏扬州人，出生于江西九江。著名植物学家。1937年清华大学毕业后留校任教。新中国成立后，历任中国科学院植物研究所研究员兼副所长，中国科学院昆明植物研究所所长，兼任中国科学院昆明分院院长等职。第五届、第六届、第七届全国人大代表。

星成就　　《中国植物志》(80卷126册,共5000多万字)是他穷尽大半生精力的代表作,也是目前世界上规模最大、种类最丰富的植物学巨著之一。

星荣誉　　1955年选聘为中国科学院学部委员(院士)。1978年获全国科学大会奖。1979年当选"全国劳动模范"。1986年获国家科学技术进步奖特等奖。1988年获国家自然科学奖一等奖。1993年获国家自然科学奖二等奖。

星金句　　天才在于勤奋,知识在于积累。

植物学的"活电脑"

1952年1月,中朝边境发生了奇怪的事情,严冬里竟然出现了苍蝇、跳蚤等这个季节不应当出现的小虫子,种种迹象表明,这很可能是美国在试验细菌武器。为了取得确凿的证据,中国政府组织了一批著名科学家前往考察,吴征镒就是其中之一。在现场考察时,一些叶子的碎片引起了他的注意。凭着渊博的学识和超强的记忆力,他立刻就分辨出这是一种树叶的碎片,这种树叶只有北美洲才有,而朝鲜半岛和我国东北地区都没有这种树叶。这就证明,它们是从美国运来,投到中朝边境的。以后又经过细致的化验,证明这种叶子的碎片上满是病菌。与此同时,我国其他著名科学家钱崇澍、胡先骕、马世骏等,也都从自己的专业角度,

查验到美国进行细菌战的证据,这就坐实了美国的确对中朝两国人民发起了细菌战。通过这件事,人们对吴征镒更加佩服了,说他是植物学的"活字典"。后来,因为电脑的存储量远远大于字典,人们又称吴征镒为植物学的"活电脑"。的确,他的大脑里储存着成千上万种植物的信息资料,完全可以配得上这个称呼。说到吴征镒这部植物学"活电脑",有趣的事还有很多。

有一年,日本的植物学家陪伴他在日本考察。日本植物学家叫不出名字的植物,吴征镒却能随口道来,让日本植物学家大为感叹,连连称赞他真不愧是植物学的"活电脑"。

他指导的研究生在调查玉龙山的植物时,记录了1800多种植物。吴征镒看了后,凭着强大的记忆力,将论文中的植物增加到了3000多种。后来这个研究生果然在玉龙山区发现了吴征镒指出的那些植物,他不由得连连赞叹自己的老师真不愧是植物学的"活电脑"。

吴征镒从小就喜欢植物。10岁左右的男孩子一般都爱看《大闹天宫》之类的书,吴征镒却喜欢看《植物名实图考》《植物图鉴》等有关植物的图书,并且从中认识了许多植物。他还和同学们一起到野外采集植物标本。一些同学喜欢植物,只是喜欢看花的美丽、叶的翠绿和它们的千姿百态,而吴征镒却喜欢深入了解这些植物的学名、俗名、生活习性和原产地。有些同学对植物的热爱虎头蛇尾,可是吴征镒却能持之以恒,甚至越钻越深。

吴征镒是在江苏江都中学读的初中,这是一所名校。著名工程力学家、水利专家、教育家、中国科学院院士徐芝纶,曾经领导和参与我国反坦克火箭和"东风一号""东风二号""东风三号"导弹研制工作的著名导弹专家徐兰如等,都曾在这所学校学习。后来,吴征镒考入了扬州中学。这更是一所名扬大江南北的学校,从这里走出的各界名人很多,其中有许多著名科学家。在扬州中学读高一时,吴征镒就采集了几百个标本。生物老师看了以后,又惊讶,又高兴,专门为他举办了一次个人展示会。遇上这样的良师,吴征镒对植物学爱得更深了。

中学毕业以后,吴征镒报考了清华大学生物系,决心把自己的一生献给祖国的植物学研究。在李继侗、吴韫珍等名师的引领下,他走进了植物学那绚烂多彩的世界。

研究植物,必须进行野外考察,要在大漠荒原上奔波,在奇峰峭壁上攀登,在茫茫林海中探索。这对于一般人来讲已经很辛苦了,对吴征镒来说,就更加艰难,因为他的脚是平足,即使走平地,走得稍微长一些都会疼痛,但他一直坚持在野外考察,从来没有因为脚疼而放弃过。

野外考察是十分艰苦的工作。冬天寒风凛冽,冷彻心骨;夏天烈日当头,热浪灼人。考察队员们在野外奔忙了一天,到晚上又困又乏,回到驻地往往倒头便睡,可是吴征镒坚持整理标本,往往一天只能睡三四个小时。旧中国落后,各种条件都差,他们在野外考察只能坐骡子拉的车。有一次,骡车不紧不慢地在路上行进着,那巨大而沉重的木车轮把路上的小石头碾压得粉碎。突然,吴征镒一个跟头从车上栽了下去,正好掉在车轮下面,幸亏车把式眼疾手快拉住了骡子,车轮才没有从吴征镒的身上轧过。原来,因为工作太劳累,睡觉时间太少,他竟在骡车上不由自主地睡着了,于是便出现了那惊险的一幕。

抗日战争爆发后,吴征镒跟随学校来到云南昆明。那时,清华大学和北京大学、南开大学一起组成了西南联合大学。昆明虽然没有日本兵,却有日本飞机来轰炸,生活条件也很艰苦。但是吴征镒从艰苦中找到了快乐,因为云南地区植物种类丰富,而且有许多特有的品种。据不完全统计,仅高等植物就有13000种以上。如此丰富多彩的植物世界展现在眼前,吴征镒能不高兴吗?他带着学生在高山峻岭和峡谷密林中采集标本,发现了许多新的品种。

在长期的科学考察中,吴征镒不仅感受到了祖国植物资源的丰富,也看到了中国广大地区的贫困落后。植物的茁壮生长必须有阳光雨露,中国怎样才能强大? 这是吴征镒一直在思索的问题。1946年,他终于找到了答案,他加入了中国共产党。他坚信,只有跟着共产党走,中国才会独立富强。从此以后,他不仅关注植物学的发展,也走上了中国革命的伟大征程。

1949年,吴征镒担任了北京市军事管制委员会高等教育处副处长,负责接收大专院校及科研单位。同年12月,他调到了一个月前刚刚成立的中国科学院,任党组成员兼机关党支部书记。

从此,吴征镒的任务更重、责任更大了。除了自己的科研工作外,他还要在白山黑水间,为新中国的科研机构规划未来;到黄渤海边,为海洋生物研究谋篇布局;到天涯海角,为海南岛发展橡胶产业出谋划策。

　　1958年,在北京有着优越生活条件的吴征镒毅然带着全家来到偏远的云南,继续他二十年前的工作——考察那里的植物。他把研究植物作为一生的追求。

　　云南的红土地一遇到雨天,就变得又黏又滑。野外考察时,因为脚不好,年纪又比较大,吴征镒经常会滑倒。别人心疼他,劝他当心,他却笑着说:"跌倒也好,说不定还能发现新物种呢。"这也不全是开玩笑。有一次,他摔了一跤,正想爬起来,突然发现一株锡杖兰正在他面前摇晃呢,这可是一种新的植物,是他摔跤"摔出来"的新发现。

　　说吴征镒是植物学"活电脑",是因为电脑有超强的记忆能力和运算能力,而吴征镒还有电脑没有的一种能力——创造力。他经过大量的考察和研究,认为中国的北纬20度到40度之间,也就是从广东到内蒙古包头一带,还有中国的西南部以及中南半岛,可能是北美洲和欧洲植物的发源地。这项研究使得人们对大陆板块的形成和运动有了更深的认识。

　　吴征镒一生成就辉煌,仅发现和参与发现的植物新分类群就多达1766个。

　　他献身植物学,植物学也给他带来了快乐和人生感悟。有一次,他在西北地区考察,看到一种叫作"短命车前"的小草。它生长在荒漠当中,那里干旱少雨,但这种连名字都很卑微的小小生命,却能利用难得的几个雨天速生速长,并且开出很有个性的小花来,然后就匆匆结束了自己的生命。虽然它的一生很短暂,却也能灿烂绽放。这是多么顽强而可敬的小生命,它给吴征镒带来了深深的启迪：人生就应该像这种可爱的小生命一样，不管条件多么艰苦，不管生命多么短暂，都要绽放自己。

（边东子）

星人物	刘东生		星编号	58605
发现日	1997-10-8		命名日	2009-3-6
发现者	中国科学院国家天文台施密特CCD小行星项目组			

高原之星——刘东生 站在"三极"之上

刘东生(1917-11-22～2008-3-6)，中国共产党党员。籍贯天津，出生于辽宁。1942年毕业于西南联合大学。历任地质部地质矿务局工程师，中国科学院地质研究所、贵阳地球化学研究所、地质与地球物理研究所研究员、室主任。曾任国务院环境保护委员会专家小组组长，国际第四纪研究联合会主席，中国环境科学学会副主席，中国岩石圈计划全国委员会主席，中国科技馆馆长，国务院环境顾问组组长等职。

星成就　在中国的古脊椎动物学、第四纪地质学、环境科学和环境地质学、青藏高原与极地考察等科学研究领域中,特别是在黄土高原研究领域中取得了重大成果,创立了黄土学,为中国在第四纪研究和古全球变化研究领域中跻身世界前列做出了重要贡献。

星荣誉　1980 年当选中国科学院学部委员(院士)。1982 年、1991 年和 2000 年三次获得国家自然科学奖二等奖。1991 年当选第三世界科学院院士。1996 年当选欧亚科学院院士。2002 年获泰勒环境成就奖。2004 年获 2003 年度国家最高科学技术奖。

星金句　我们需要像艺术一样去幻想,去塑造。在科学(幻想)的道路上,没有成功和失败,只有启示和纪念。

站在"三极"之上

　　刘东生有一段永远抹不去的记忆,那时,父亲刘辑五是皇姑屯火车站的站长。1928 年 6 月 4 号早上 5 点 23 分,不满 11 岁的刘东生还在梦中。突然,一声惊天动地的爆炸,把他和弟弟、妹妹都惊醒了,紧接着又传来乒乒乓乓的枪声。原来,是东北军阀张作霖的专列在皇姑屯火车站附近被日本关东军炸毁了,张作霖伤重而亡。这就是震惊中外的皇姑屯事件。刘东生目睹了爆炸现场的惨状,在心中留下了不可磨灭的印迹,他感受到了日本帝国主义的残暴,中国人被欺凌的悲哀。到了要上中学的时候,他本想

学医,但因为不愿报考日本人办的医科大学附中,就于1930年的秋天,考入南开中学。

刘东生在学生时代对自己的要求就很严格。冬天的清晨很冷,别人都恋着热被窝,不愿起床,他却说起就起。就连理发,他也只留短发,因为这样没有萎靡颓废的样子。他还是南开中学"海鸥游泳队"的成员。注重锻炼身体,这也是他一生能取得许多重大成就的重要原因。

1939年,刘东生升入南开大学地质地理气象系学习,这时的南开大学已经和北京大学、清华大学共同在昆明组建了西南联合大学。在这所战时大学里,除了专业课,刘东生还旁听了生物系的课程。这对他以后研究古生物和黄土高原的形成都非常有益。

新中国成立后,刘东生先在地质部工作,后来又于1954年调到中国科学院地质研究所工作,并且第一次参加了黄土高原的考察工作。奇峻、雄伟、广阔的黄土高原和那里独特的风土人情立刻吸引了他,这也成了他献身黄土高原研究的起点。

我国黄土高原的总面积达64万平方千米,是世界上最大的黄土区。关于黄土高原的成因,历来有不同的理论,大致有风成说、海成说等,争议很大。刘东生历经几十年,跑遍了陕北、甘肃、山西、内蒙古等地的川塬沟峁,做了大量艰苦的实地调查,采集了大量标本,甚至还分析了黄土的颗粒组成、化学成分、矿物组成、物理性质。他还鉴定了黄土中的动植物化石,就连细微的植物孢子化石都细细地研究。经过长期深入的工作,他终于得出了令人信服的结论:黄土高原是大风把西北方的戈壁和沙漠中的沙石颗粒搬来,堆积而形成的。他曾经算了这样一笔账:50万年前,黄土高原所在的地区还是一片平原,百草丰茂,树木葱茏。然而狂暴的风不断把沙尘从中亚和我国的新疆吹来。即使每次只搬来0.01毫米厚的沙尘,"大风搬运工"每年只要光临十次,就会带来0.1毫米厚的颗粒,这样积少成多,十年就是1毫米,一百年便能达到1厘米,一千年就能积累下10厘米厚的颗粒,一万年可达到1米厚。黄土高原已经有250万年的历史,它堆积的黄土最厚的地方已经达到了250米。这就是刘东生提出的黄土高原"新风成说",并且得到了中外学者的广泛认同。

他基于黄土高原的形成,解释了250万年以来的气候变化历史,使黄土与深海沉积、极地冰芯并列成为全球环境变化研究的三大支柱,为全球气候变化研究做出了重要贡献。他为我们国家建立了250万年来最完整的陆相古气候记录,这对于今天的环保、未来的发展都是非常有意义的事。

人们说,刘东生把黄土高原这本"书",读得最透彻,解释得最清楚。他为中国的地质学在国际上争得了一个权威讲席。又因为黄土高原的形成时期和青藏高原的形成时期都属于地质学上的第四纪,所以刘东生成为公认的研究第四纪的权威之一。

南北两极,是令科学家瞩目又望而却步的神秘地带,因为在这里探险不仅需要有现代化装备,更需要有强壮的体魄和为科学献身的精神。1991年11月,刘东生以74岁高龄,登上了南极的乔治王岛,在中国长城站进行了为期一个月的科学考察。1996年8月,他又在年近79岁时,奔赴北极圈内的斯瓦巴德岛考察,并且让陪同他考察的中外科学家大吃一惊,因为他竟然登上了一座冰山,人们不禁赞叹他是"超级老头"。登上南极或北极考察的科学家,往往被称为"南极人"或"北极人",而刘东生还登上过地球的第三极——青藏高原,因此,他可算得上是"三极人"了。

刘东生关心黄色的高土高原、银色的南北两极,更关心绿色的生命。从20世纪30年代到70年代,我国北方一些地区发生过一种地方病——克山病。虽然这种病在黑龙江省的克山县首先被发现,但是在陕北等地区发病尤为严重。这是一种心肌病,患者表现为乏力、气急,严重的甚至会猝死。而且这些地区还有一种"柳拐病",表现为关节肿大疼痛。这种病不仅损害患者的劳动能力,还会影响患者的发育。为了解除人民群众的痛苦,刘东生带领科研人员对病区进行了深入细致的考察研究。他们认为克山病的主要病因是缺乏一些微量元素,如硒、锶等,并提出了解决的办法。后来有人在介绍刘东生的事迹时,说是他消除了这些地方的病患,而实事求是的刘东生却说,这种病从根本上被消除,还是因为改革开放后,人民群众的生活水平提高了,营养充足了。

刘东生目光远大,是他奠定了"全球环境变化多旋回"理论,提出了建立全球岩石圈研究体系。这个理论已经在世界范围内得到了承认,给中国地质界带来了世界级的声誉。

刘东生的名字将永在太空闪亮,而他的学识、贡献、品德将永在人间发光。

(边东子)

星人物	师昌绪	星编号	28468
发现日	2000-1-12	命名日	2011-12-10

发现者　中国科学院国家天文台施密特CCD小行星项目组

合金之星——师昌绪 　为了更高更快更强

师昌绪(1918-11-15～2014-11-10)，中国共产党党员。出生于河北徐水。中国著名材料科学家、战略科学家。1941年考入国立西北工学院矿冶系，1952年在美国圣母大学获冶金学博士学位，后在麻省理工学院工作3年，1955年回国。1957年被任命为中国科学院金属研究所高温合金研究组的负责人，兼任合金钢研究室主任。1982年创办中国科学院金属腐蚀与防护研究所并任所长。

星成就　中国高温合金开拓者之一,开发了中国第一个铁基高温合金,领导开发了我国第一代空芯气冷铸造高温合金涡轮叶片和无磁铁锰铝系奥氏体钢等。

星荣誉　1980年当选中国科学院学部委员(院士)。1988年获国家科学技术进步奖一等奖。1994年当选中国工程院院士。1995年当选第三世界科学院院士。2011年获2010年度国家最高科学技术奖。

星金句　作为一个中国人,就要对中国做出贡献,这是人生的第一要义。

为了更高更快更强

因为他,中国的飞机才能飞得更快更高,他就是师昌绪。1964年,中国正在研制一种歼8高空高速战斗机。当时,这种飞机在世界上也是先进的。正因为先进,就得攻克一系列技术难关,尤其是要造出身轻力大、工作可靠的发动机。而这种发动机研制成败的关键又在于涡轮叶片。涡轮叶片能承受的温度越高,发动机的推力就越大。以前的叶片能承受1400℃的高温,对新叶片的要求是再提高100℃。为此,就要采用最先进的铸造空芯涡轮叶片的技术。这种叶片在工作时,可以利用空气在叶片中的流动来降温。当时,只有美国才在三年前掌握了这种技术。因为"只此一家,别无分号",美国对这种技术严加保密,不仅对中国封锁,对自己的伙伴国也严格保密。这么先进的技术,我们能研究

出来吗？很多人都怀疑。可是师昌绪和他的同事们说，美国人能做出来，我们就能做出来。他们甚至立下誓言："如果一年之内研制不出空芯涡轮叶片，就把头挂在大门上！"

师昌绪只是一时冲动吗？当然不是，他有深厚的专业素养，有傲人的科研成果，还有一颗爱国之心！

师昌绪的童年和少年时代正值中国大变革、大动荡的时期，他目睹了饥荒战乱和外国入侵给人民带来的痛苦。因此，他从小就期盼着中国有一天能强大起来。大学毕业后，他赴美国留学并于1952年获美国圣母大学冶金学博士学位。在美国期间，他研制出了一种高强度钢。从20世纪60年代到80年代，世界各国飞机的起落架几乎都用这种高强度钢制造，可以说，是他给了全世界的飞机以健壮的"腿"。凭着这样的成果，他完全可以在美国有称心的职业、丰厚的收入，可是，他向往着祖国，他要为祖国的强大而尽力。1950年，正当他准备回国时，朝鲜战争爆发，美国政府不准中国留美学者回国。为了回国，师昌绪开始了不懈的抗争，他甚至一度想去印度，再通过印度绕道回国。但美国不准中国学者去任何一个国家，否则，中国学者就会面临牢狱之灾。在这种情况下，师昌绪联合多位中国学者写了一封信，通过印度大使馆转交给中国政府，反映他们想回国的迫切心情，以及对美国政府的愤怒。他还和一些中国留学生一起，给美国总统艾森豪威尔写公开信，述说他们思念祖国、思念亲人的心情和对美国政府阻挠中国留学生回国的愤慨，以争取美国人民的同情和支持。

1955年，师昌绪终于回到了祖国，他被分配到中国科学院金属研究所工作。这个所有一批著名科学家，如葛庭燧、李薰等。

在这里,师昌绪如鱼得水,如鸟飞天,施展着自己的才华,为祖国做出了重大贡献。

1958年,他和同事们研制出了耐腐蚀性很强的合金钢,满足了化肥生产设备对耐腐蚀的需求,受到厂家的热烈欢迎。潜水艇的潜望镜和天线需要用特殊的无磁铬锰氮系高强度不锈钢制造,才能坚固、不生锈,而且不易被敌人发现。这种特殊钢的研制也被师昌绪拿下。

20世纪50年代末,我国用的许多合金钢都需要镍和铬,可那时我国既缺镍又无铬,还受到西方国家封锁,只能从苏联进口。1960年,中苏关系恶化,镍的进口也成了问题。师昌绪和同事们独辟蹊径,试制出了铁基高温合金,工厂用它制造出了喷气发动机用的铁基高温合金涡轮盘,突破了外国对中国的封锁。

正因为师昌绪有这些重大成果的积累,又有一腔爱国之情,他才有信心、有实力承担起研制空芯涡轮叶片这个重任。

研制空芯涡轮叶片要攻克许多难关,首先要解决的问题就是选用什么材料做型芯。这种叶片有九个孔,也就是九个能通过空气的通道。这些孔的直径很小,只有0.8毫米至1.2毫米,而且叶片比较长,有几十毫米,下边还有一个拐弯,这就给叶片的浇铸出了一个大难题。用什么材料作为型芯?怎么保证铸造出来的叶片不变形?美国之所以能垄断空芯叶片制造技术,就是因为美国掌握了这些"独门绝技";其他国家想造却造不出来,也是因为面对这些难关一筹莫展。

为了攻克这些难关,师昌绪和他的团队查阅了很多文献资料,试用过好多种材料制造型芯,如钼丝、磷酸盐、石英管……可是都没成功。到底哪种材料才有前途？如果采用的是根本没有前途的材料，研制就走进了死胡同，就会白白浪费精力和时间。然而，只要是有心人，就能发现机会，抓住机会。他们偶然发现，在外国某刊物中，有一段时间关于细石英管的广告特别多。当时美国装有这种叶片的发动机正大量投产，其他国家也在抓紧时间研制。为什么恰恰在这时细石英管的广告多了起来呢？师昌绪断定，正因为石英管是制作空芯叶片型芯的好材料，生产厂家才这样不惜成本地大做广告。于是他下定决心，集中精力，就在石英管上深钻细研，狠下功夫。经过近一年的时间，第一片九孔铸造空芯涡轮叶片终于研制成功。经过严格测试，证明其性能完全达到要求。我国成为继美国之后，第二个能够制造铸造空芯涡轮叶片的国家，而且只比美国晚了5年。英国的劳斯莱斯公司是世界上技术水平最高的制造航空发动机的公司之一，在这方面也落在我们的后面了。20世纪80年代初，这家公司的总工程师胡克教授来中国参观考察，看到铸造空芯涡轮叶片时，感慨地说："单凭看到这一实际成就，就没有白来中国一趟。"

　　装上这种叶片的"涡喷7-甲"发动机，为我国的歼7、歼8飞机提供了强大的动力，飞机能够以两倍声速以上的速度，在2万米高空翱翔。

　　正因为有了师昌绪这样的"星"，中国才有了更高的高度，更快的速度。

（边东子）

星人物	吴文俊	星编号	7683
发现日	1997-2-19	命名日	2010-5-4
发现者	中国科学院国家天文台施密特CCD小行星项目组		

数学巨星——吴文俊 永恒的数学,永恒的笑

吴文俊(1919-5-12～2017-5-7),中国共产党党员。浙江嘉兴人。著名数学家。上海正始中学毕业。1936年进入上海交通大学学习数学。1948年赴法国留学,1949年获法国国家博士学位。中国科学院数学与系统科学研究所研究员,系统所副所长。

星成就	在拓扑学研究上取得了重大成果,开创了几何定理的机械化证明,对中国古代数学研究有开创性的贡献。
星荣誉	1957年增选为中国科学院学部委员(院士)。1956年获首届国家自然科学奖一等奖。1978年获全国科学大会奖。1991年当选第三世界科学院院士。1992年获第三世界科学院数学奖。1994年获求是杰出科学家奖。2001年获2000年度国家最高科学技术奖。2006年获邵逸夫数学奖。2019年9月17日被授予"人民科学家"国家荣誉称号。
星金句	我国古代机械化和代数化的光辉思想和伟大成就是无法磨灭的。

永恒的数学,永恒的笑

银发满头,总是像纯真的孩子般大笑,这是吴文俊标志性的笑,也是他留存在人间,永远充满魅力的笑。

吴文俊有一颗永不染尘的童心,有人甚至说他是一个"老顽童"。他年过七十,竟然在开会的间隙跑了,去坐能把年轻人也折腾得七荤八素的过山车;他还曾经泰然自若地坐在大象鼻子上,似乎不知道大象随时会动怒;他曾将大蟒绕在脖子上,仿佛是套着一个大花环。他只顾自己玩得兴高采烈,甚至像孩子般地开怀大笑,陪同他的人却惊出了一身冷汗。此外,他还喜欢看武侠小说,喜欢泡小咖啡馆……

1919年，吴文俊出生在上海的一个书香世家。1936年秋，他考入上海交通大学数学系。"两弹一星"元勋钱学森、杨嘉墀等科技巨星，都是从这所学校毕业的，这里也成了吴文俊献身数学的出发地。

但是大学毕业后，吴文俊"毕业即失业"，他竟然进不了任何一家数学研究机构。眼看衣食无着，生存都成了问题，为了谋生，他从1940年到1945年断断续续当了五年中学教师。直到1945年秋天，才在上海临时大学得到了一个讲师的职位。

教师当然是很高尚的职业，可是吴文俊更渴望搞数学研究。有位著名的数学家说过，一个学数学的青年，大学毕业后当两年教员，那就什么都捡不回来了。这是因为数学研究发展很快，两年不从事数学研究，就会落伍。最终是著名数学家陈省身教授慧眼识珠，让吴文俊进入了中央研究院数学研究所。结果，他不但没有被国际数学发展的潮流抛弃，而且在远离数学研究5年之后，用非常简洁的公式证明了美国数学家惠特尼的一个复杂的理论，这个成果不仅被陈省身教授推荐到美国普林斯顿大学的《数学年刊》上发表，更受到了惠特尼本人的赞扬，他说，我的证明可以扔掉了。

1947年，他通过了留法学习的资格考试，在斯特拉斯堡先后跟随埃瑞斯曼和H.嘉当两位老师学习。他在学习过程中，勇于创新，甚至将老师的理论有所发展。有一次，瑞士的数学权威霍曼认为吴文俊的论文有错误，竟带着学生跑到法国来"兴师问罪"。只是一个小人物的吴文俊在国际权威面前一点不发怵，也没有一丝谦卑之态，反而用严密的证明、言简意赅的论述，让霍曼心悦诚服。后来，霍曼还邀请吴文俊到苏黎世理工大学访问。

1949年，吴文俊通过博士论文答辩，获得了法国国家博士学位。他的博士论文因为学术价值高，于1952年被法国一家出版社正式出版，但吴文俊已经于1951年回到祖国了。

回到祖国后，吴文俊进入中国科学院数学研究所工作，并且取得了许多重要的成果。拓扑学被称为"现代数学的女王"。20世纪50年代，吴文俊引进了"示性类"和"示嵌类"的概念，找出了示性类之间的关系与计算方法。他还研究了嵌入理论的核心问题，并将它们由繁化简、由难变易。他的研究成果被数学界称作"吴公式"，在拓扑学研究中起到了承前启后的作用。数学大师陈省身称这是"划时代的贡献"。1956年，因为在拓扑学方面的成就，他和华罗庚、钱学森一起获得了首届国家自然科学奖一等奖。

吴文俊开拓了数学机械化领域。70年代后期，他提出用计算机证明几何定理的"吴方法"，这是近代数学史上第一个由中国人原创的研究领域，并在国际上掀起了一轮用机器证明几何定理的高潮。1982年，国外知名科学家赞扬他"独自使中国在该领域进入国际领先地位"。

1975年，他以"顾今用"的笔名发表了一篇文章，在数学界引起了广泛关注。这篇文章用精辟的语言论述了中西方数学发展的历程，并将中国古代在数学方面的探索和它对世界数学发展的意义，做了深入的阐释。过去，外国人有偏见，不承认中国古代数学的成就。但吴文俊经过深入研究后，发现中国古代数学与外国数学很不相同。外国数学是公理化数学，是用定理、公式来阐述的。中国传统数学则是构造性、算法性的，有自己的特点。它用"鸡兔同笼"这样的题目，从给定的数据中求数据，更注重解决实际问题。他从20世纪70年代起,经过多年努力钻研,终于在1997年用中国古代数学的方法证明了几何定理,也证明了中国古代数学的成就。

在长期的科研工作中,吴文俊深切感到,在数学研究领域,出题目的大都是国外学者,中国的数学家一般都是答题者。虽然解答了难题也能取得蜚声国内外的成果,但终究只是答题者。毕竟,回答问题的是学生,出题目的才是老师。为此,吴文俊心有不甘。他曾说:"不管谁提出来好的问题,我们都应想办法对其有所贡献,但是不能止步于此。我们应该出题目给人家做,这个性质是完全不一样的。"的确,他所做的许多工作,在国内外都起着开创和引领的作用。他就是一位在数学领域出题目的人。

吴文俊是一个心胸豁达、不被私利困扰的人,有媒体说他"没有人间烦恼"。其实,他是将官位虚衔、名利奖项、外界评价都置之度外了。法国朋友曾经告诉他,只要晚几个月回国,他就可能获菲尔兹奖。他听后,竟淡淡地笑笑,说:"我不在乎。"菲尔兹奖被称为"数学界的诺贝尔奖",可见他对名利多么淡泊。也正因为如此,他才能脱离世俗烦扰,专心在数学的海洋边玩耍,就像牛顿说的,是一个在海边玩耍、专心捡拾着光滑石子和美丽贝壳的孩子。也因此他才能取得累累硕果。

虽然他淡泊名利,但是国家和人民给了他最高荣誉。2001年,他荣获首届国家最高科学技术奖。他为我们国家的数学研究争得了地位和荣誉,因此,祖国和人民才用他的名字命名了一颗星。

（王佳雯）

星档案

星人物	黄昆	星编号	48636
发现日	1995-9-28	命名日	2010-7-26
发现者	中国科学院国家天文台施密特CCD小行星项目组		

半导体之星——黄昆

让物理学领域闪耀着中国人的名字

黄昆(1919-9-2～2005-7-6)，浙江嘉兴人，出生于北京。世界著名物理学家。我国固体物理和半导体物理的开创人，新中国半导体科学技术的开创者之一。1951年回国后，历任北京大学物理系教授、副主任，半导体教研室主任。1977年，调任中国科学院半导体研究所所长。

星成就   20世纪40年代首次提出固体中杂质缺陷导致X光漫散射的理论,被誉为"黄散射"。他首先提出的晶体中声子与电磁波的耦合振动模式及有关的基本方程,被誉为"黄方程"。

星荣誉   1955年选聘为中国科学院学部委员(院士)。1980年当选瑞典皇家科学院院士。1984年获英国圣母玛利亚大学"理论物理弗雷曼奖"。1985年当选第三世界科学院院士。1995年获何梁何利基金科学与技术成就奖。2002年获2001年度国家最高科学技术奖。

星金句   学习知识不是越多越好、越深越好,而是应当与自己驾驭知识的能力相匹配。

让物理学领域闪耀着中国人的名字

你在教科书上学那些用外国人名字命名的定律、定理时,是不是一方面为学到了新知识而高兴,另一方面也会产生一个疑问:有没有用中国人名字命名的定律、公式、理论呢? 黄昆当年心中也想过这样的问题。

黄昆出生于北京,他从小就聪明好学,虽然跟着家人辗转于北京、上海,但上的都是名校。在那个时候,他和小伙伴们看到教科书上那些用外国人名字命名的"欧姆定律""牛顿第三定律""达尔文学说"时就想,什么时候也有用中国人名字命名的定律、学说呢?

黄昆与夫人李爱扶

　　1937年，18岁的黄昆考入了燕京大学物理系。1941年，他以高难度、高水平的论文获得了学士学位。同年，因为抗战形势所迫和太平洋战争爆发，黄昆转赴昆明，在西南联合大学物理系担任助教，并且在第二年通过了这所学校理论物理专业的研究生入学资格考试。

　　1944年，黄昆参加了留学考试。本来，他想去美国留学，可是他的作文成绩不大好，拖累了考分。幸好，因为总分相差不多，再加上机缘巧合，他还是得到了赴英留学的机会。1945年，黄昆来到布里斯托尔大学，成为固体物理学家莫特教授的研究生。

　　在英国，他的第一篇论文就预言在一定条件下X光射入固体后会产生漫散射。由于验证这个预言需要复杂的实验技术，当时无法做到，直到21年之后这一预言才被德国科学家证实。于是，黄昆的这一预言不仅被国际同行承认，而且还被称为"黄散射"。

　　1948年1月，布里斯托尔大学授予年仅28岁的黄昆哲学博士学位。同年，黄昆接受英国利物浦大学理论物理系主任的聘请，到该校担任研究员，聘期三年。在这里，黄昆一面进行固体物理学研究，一面撰写《晶体动力学》。他的勤奋、敏锐，深深地吸引了艾夫·里斯小姐，她比黄昆小7岁，聪明、美丽、乐于助人。她凭着精深的理论计算能力，给了黄昆很大帮助。他们一起攻坚克难，互相鼓励，互相帮助。1950年，默契而又密切的合作结出了硕果，他们共同发表了《F中心的光吸收和非辐射跃迁理论》，这是一篇具有开拓性的论文，论文中阐述的理论在国际上被称为"黄-里斯理论"。因为科研中的密切合作，精神上的互相慰藉，他们成了一对恋人。

1951年,黄昆又提出了一个方程,能够很好地表示晶格振动及其极化的实质,被称为"黄方程"。直到现在,这个方程仍然被经常采用。从此,世界上有了用中国人姓氏命名的定律、学说,黄昆用自己的辛勤劳动和智慧为中国人争了一口气。

1951年,黄昆怀着建设新中国的宏图大志,冲破重重阻碍,回到阔别了七年的祖国,在北京大学任教。1952年,里斯小姐也冲破了重重阻碍来到中国,两人终于在中国喜结连理。里斯不仅取了一个中国名字"李爱扶",后来还加入了中国籍。

在北京大学,黄昆为集中精力栽桃育李,离开已经取得了成就的研究领域,专注于教学。他讲课生动,既有理论又能联系实际,学生们说:"听黄昆老师讲课简直是一种享受。"

1955年,他接到了一项重要任务——参与制定《十二年科技发展远景规划》。原来,19世纪70年代之前,人们只知道世界上有导电体和绝缘体,后来英国物理学家布朗发现了半导体。它是一种晶体,导电性能介于导体和绝缘体之间,更奇妙的是,它具有单向导电功能。1946年,美国贝尔实验室的科学家发明了晶体三极管。这项发明引起了轰动,各种品牌、各种样式的半导体收音机和半导体报话机纷纷闪亮登场。它们不但非常省电,而且小巧玲珑,便于携带。在晶体三极管出现之前,用电子管制造的电子计算机体积庞大,不仅费电,而且计算速度也不高。使用晶体管制造的计算机,体积小得多,运算速度更是电子管计算机的十倍以上。然而,当时中国的电子工业非常落后,连一只电子管、一只晶体管都无法制造。为了加快我国的科技发展,从1955年开始,国家邀请一批德高望重且有远大目光的科学家制定《十二年科技发展远景规划》,黄昆成为其中一员。他参与制定了其中的半导体发展规划,在规划中这是一个重点项目。他为此提出了许多非常好的建议。

在黄昆和其他老一辈科学家的努力下,我国的半导体科研和生产水平取得了长足进步。到了20世纪70年代,不仅能生产各类晶体管,还能生产集成电路。虽然在"文化大革命"中,黄昆一度受到了不公正对待,但他热爱祖国、热爱科学的初心始终没有改变。1977年11月,黄昆担任了中国科学院半导体研究所所长,引领中国的半导体科研事业向新的高峰攀登。今天,中国的超级计算机、互联网、大数据和5G通信技术的发展,不仅更加证明了半导体技术的重要性,也证明了中国在这一方面的成就。

黄昆一生严格要求自己和家人。在评定职称时,完全有资格评高级职称的李爱扶,却连中级职称都没有评上,因为黄昆认为夫人的中文还没有过关,她讲课中国学生听不懂。

在科学界,黄昆早已经闻名遐迩,他自己却十分低调,甚至低到有些"不近人情"。有记者要采访他,这本是提高知名度的好机会,他却淡淡地说:"我是一个普通的科学工作者,没有什么神奇和惊人的地方。"他婉拒了采访。记者好说歹说,他才同意去他家采访,但只能看,不能问。结果,记者的采访真的成了一声不响、一言不发的"参观"了。

2005年,黄昆已经病重了,但他仍然坚持每天上半天班,直到去世。他真正做到了为中国的科技事业鞠躬尽瘁,死而后已。他的学生说:"星星虽然陨落,但这颗星星的光芒永存在科学史册上,也永留在我们所有后辈的心中。"

(边东子)

星人物	杨嘉墀	星编号	11637
发现日	1996-12-24	命名日	2001-5-21
发现者	中国科学院国家天文台		

驭星之星——杨嘉墀 创新是他的主旋律

杨嘉墀(1919-9-9～2006-6-11)，中国共产党党员。江苏吴江人。航天技术和自动控制专家、仪器仪表与自动化专家。1941年上海交通大学毕业，1949年获美国哈佛大学博士学位。1956年回国后，曾任国际宇航联合会副主席，中国空间技术研究院副院长，第七机械工业部总工程师，实践系列卫星设计师等职。

星成就 　我国自动化与控制技术、航天技术领域的主要开创者之一,"863高科技计划"的首倡者之一。中国多个卫星系列研制和发射的领导者和参与者。领导了核潜艇反应堆控制系统的设计,导弹测试系统和原子弹测试设备的研制。

星荣誉 　1980年当选中国科学院学部委员(院士)。1985年获国家科学技术进步奖特等奖。1999年获何梁何利基金科学与技术进步奖。1999年获"两弹一星"功勋奖章。

星金句 　争名当争国家名,计利当计人民利。

创新是他的主旋律

在航天和自动化技术领域里,他大名鼎鼎;在科技界以外,他却鲜为人知,在那些把三流明星当偶像的追星族中,有人甚至连那个"墀"字都不认识。

1919年9月9日,农历的七月十六日,杨嘉墀出生在江苏省吴江县震泽镇一个丝业世家。由于长期和上海、苏州等发达地区的客商做生意,杨家长辈接受现代科技文化比较早。因此,长辈们没有让杨嘉墀按那时的规矩读私塾,而是让他进了教授现代科学文化的丝业小学。此后,又升入有名的上海中学学习。

1937年,杨嘉墀考入上海交通大学,他和同学们暗下决心,一定要为祖国造出先进的火车、飞机、军舰,把日本侵略者赶出去,

让帝国主义再也不敢欺侮中国!

1941年,杨嘉墀成了西南联合大学的助教。1942年,他被推荐到中央电工器材厂工作。三年后,他研制出中国第一套单路载波电话样机,并且在昆明展出,受到关注。

1947年,杨嘉墀赴美国哈佛大学学习,两年后获博士学位。三年后,杨嘉墀在宾夕法尼亚大学生物物理系担任副研究员,研制出了快速记录吸收光谱仪,人们称之为"杨氏仪器"。他还研制成功视网膜仿真仪等多种仪器,为创立"生物电子学"做出了贡献。他还对电子计算机进行了深入研究,曾经是美国电脑巨擘的王安还在自己的产品中使用过他的专利。

杨嘉墀的富于远见,具有传奇色彩。1956年,他从美国归来,硬扛回一台大电视机。可那时的中国连电视台都没有,这岂不是徒劳无功?谁想仅仅过了两年,北京就开播电视节目了,他那又大又靓丽的20英寸电视机在那些屏幕小、质量差,还不易买到的苏联制造的电视机中,真正是"鹤立鸡群"。

还有更让人看不明白的,他居然从美国带回一种很多人都不认识的东西,据说叫作"光电倍增管",当时连许多专业人士都不知道它能干什么。不想,到了60年代,为了测量中国第一颗原子弹爆炸的火球的亮度,研究人员急需一种高精尖仪器。由于时间紧迫,要从头研制根本来不及。这时,这个光电倍增管就出来救场了。因为这正是那种仪器的关键部件,有了它,研制周期大大缩短,保证了第一颗原子弹试验的圆满成功。

他的远见更表现在科研工作中。自动化技术上有一个术语,叫作"自适应"。"文化大革命"期间,他曾经鼓励一名青年科研人员钻研自适应技术，尽管当时他们的处境都不大好。那名青年科研人员疑惑，这样先进的技术，有用处吗？杨嘉墀说，现在的卫星没那么复杂，用不到这些东西，但将来的卫星一定会用得到。那名青年科研人员后来为中国的航天事业做出了重大贡献，"神舟"飞船就成功地采用了他研制的自适应控制系统。他就是已成为博士生导师、中国科学院院士的吴宏鑫。

1989年，杨嘉墀向上级提交了成立"空间智能自主控制国家重点实验室"的申请报告。可能是这一观念太超前了，上级一直拿不定主意，报告迟迟未批。杨嘉墀竟在15年间打了11次报告，一直到2004年获得批准。吴宏鑫院士后来说："现在看来，杨先生那个时候就已经想得很远。他曾经说过，搞研究的要看到20年之后，光看眼皮底下的，不是好科学家。"

杨嘉墀是一位科学家，但是他对国际形势也有深刻而准确的判断。1978年，一名研究生准备赴美国学习，杨嘉墀却看到美国会对敏感专业进行限制，建议他去欧洲学习。这名研究生后来说："于是我改学法语，去瑞士留学。从现在的结果来看，杨先生的建议对我非常有益。"他就是为"嫦娥"探月和"鹊桥"中继星的成功研制立下汗马功劳的叶培建院士，如今，也有一颗小行星用他的名字命名。

正因为富有远见，具有创新精神，加上深厚的学术功底和高尚的爱国情怀，杨嘉墀才能够和其他三位"两弹一星"功勋奖章获得者共同提出著名的"863高科技计划"。

有人说，商人才懂市场，科学家不懂市场。果真如此吗？当一些"懂市场"的人认为我国不必自己搞通信卫星，租用外国的就可以了,又便宜又省事,省下的钱还可以搞一些"短平快"的赚钱项目时,他却指出:我们租用国外卫星,每年要花费约1800万美元,5年下来就是9000万美元。而用中国自己的卫星,不仅可以省下这笔钱,还可以靠出租转发器赢利23.4亿元人民币。他还对如何实现通信卫星的产业化,提出了许多重要的、具体可行的建议。他的报告促成了中国通信卫星的发展。

当中国准备开展探月工程时,有些"懂市场"的人认为,中国不应当到月亮上去"作秀",因为赚不到钱。他却说,月球上有丰富的矿藏,尤其是氦-3,是受控核聚变发电的宝贵燃料,地球上极其稀少。从中我们可以看出,到底谁才懂市场。

当有人算计用美国的导航系统合算还是研制自己的导航系统合算时,杨嘉墀就指出,外国的导航系统在战时是靠不住的。在几位和他同样有远见卓识的科学家的推动下,中国的"北斗"导航系统已全面建成。现在的国际形势充分证明了研制这套系统的必要性。

2006年6月11日,这位为祖国的科学事业奋斗了一生的功勋科学家不幸因病辞世。但是,有那颗杨嘉墀星在召唤我们,召唤我们以创新精神和爱国情怀为中华民族建立功勋。

(边东子)

星人物	谢家麟	星编号	32928
发现日	1995-8-20	命名日	2016-1-4

发现者　中国科学院国家天文台施密特CCD小行星项目组

加速器之星——谢家麟　为中国加速

谢家麟(1920-8-8～2016-2-20),生于黑龙江哈尔滨。国际著名加速器专家。1943年毕业于燕京大学,1947年赴美留学,次年获美国加州理工学院硕士学位,1951年获斯坦福大学博士学位。曾任中国科学院高能物理研究所研究员、副所长。

星成就   在美国期间领导研制世界上能量最高的医用电子直线
          加速器并获得成功。回国后,领导建成我国最早的可
          向高能发展的电子直线加速器,领导了北京正负电子
          对撞机工程的设计、研制,建成了北京自由电子激光
          装置。

星荣誉   1980年当选中国科学院学部委员(院士)。1987年获
          全国科学大会奖。1990年、1994年和2005年三次荣获
          国家科学技术进步奖。1995年获第四届胡刚复物理
          奖。2012年获2011年度国家最高科学技术奖。

星金句   在研究工作中每一点滴的奉献,都使我得到莫大的快
          慰,"老骥伏枥,志在千里"就是我用以自勉的座右铭。

为中国加速

　　1951年的一天,一艘远洋巨轮缓缓离开了港口向大海驶去,刚刚获得美国斯坦福大学博士学位的谢家麟,正在为不久就可以回到离别已久的祖国,见到朝思暮想的亲人而高兴。谁知在经过夏威夷的时候,轮船突然被截停了,美国移民归化局的一伙彪形大汉登船,宣称因为朝鲜战争,禁止谢家麟等中国留学生回国,气愤不已的谢家麟不得不返回美国。刚一上岸,他就抓起电话向美国政府提出了抗议,虽然他知道以一介书生的微薄之力,根本无法改变美国政府的反华政策,但这口气不能不出。

　　谢家麟出生在哈尔滨,父亲是一位律师。日本侵占东北之

后,全家被迫迁到北平。青少年时期的他就亲历了山河破碎的痛苦,因此,他非常希望自己的祖国能强大起来。

1938年,他因为喜欢物理,尤其喜欢组装收音机,就考入了燕京大学物理系。四年级时,由于太平洋战争爆发,日本侵略者接管了燕京大学,他不愿意在日伪统治下的学校学习,就辗转到了日寇铁蹄还未踏到的地方。他先是在武汉大学航空系学习,半年之后,又回到已经转移到成都的燕京大学物理系继续学习。1943年大学毕业后,他在一家无线电器材厂工作了一段时间。1947年他获得赴美留学的机会,第二年就获得了加州理工学院硕士学位。

由于当时的回国之路被美国当局阻断了,为了生存,更为了学到新的知识,将来报效祖国,谢家麟回到斯坦福大学担任了微波与高能物理专业的助教。不久,他就研制出了世界上能量最高的医用电子直线加速器,这是治疗肿瘤的"新式武器"。它能用强大的射线,精准有力地"打击"肿瘤。这个重大成果,一时成了媒体热炒的重点新闻,也成了物理学界的一件大事。

因为看到有这样的成果,美国就想把谢家麟留下来,移民归化局来了一封信,让他在当美国公民和回国之间二选一。谢家麟毫不犹豫地选择了回国。1955年,迫于世界舆论的压力,美国不得不同意让中国学者回国,谢家麟回国的夙愿终于实现了。

由于学识渊博,富有创造力,谢家麟回国后,工作很快就结出了硕果。1960年,他研制成功我国功率最大的速调管和我国最早的可向高能发展的30兆电子伏特电子直线加速器,以及国产第一台电子回旋加速器等设备。他研制的设备曾经在中国核武器试验中发挥了重要作用。

1972年，我国著名科学家、中国科学院原子能研究所副所长张文裕等十八位科学家致信周恩来总理，要求建造中国自己的高能加速器。周总理立即批示"抓紧进行，不要延误"，为这个跨世纪工程奠定了基础。1973年2月1日，中国科学院高能物理研究所正式成立。开展高能物理研究，离不开加速器。因此，建造高能加速器的紧迫性和重要性更突出了。况且，高能加速器不仅是科研的需要，还是一个国家科技实力的象征，国家形象的代表。但那时的中国家底薄，又正值建设四个现代化的高潮，能用来建造高能加速器的钱就非常紧张，加上我国的科技水平和发达国家相比差距很大；因此，建什么样的高能加速器，建多大功率的高能加速器，甚至能不能建成高能加速器，争论得很激烈。

在这样的形势下上马，中国的第一台高能加速器必须又好又省钱，即使不是"又要马儿跑，又要马儿不吃草"，也是"既要马儿跑，又要马儿少吃草"。因此，建什么样的加速器，如何设计这台加速器，就成为重中之重。这副超级重担，就落在了谢家麟的身上。经过反复论证，细致计算，最终确定了一个既符合中国国情，技术上又很先进的正负电子对撞机方案。这个方案的巧妙之处还在于"一机两用"，不仅能用于高能物理研究，还能开展应用研究。它若建成，我国将迅速站到世界高能物理研究的前列。因此，这个方案得到了各方专家和上级领导的支持。

1984年10月7日上午，北京正负电子对撞机项目奠基仪式在绿荫浓郁的北京西郊举行。邓小平同志亲自铲了第一锹土，并题写了奠基碑的碑文。1988年，北京正负电子对撞机胜利建成。

20世纪90年代,谢家麟又领导科研人员建成了红外区工作的"北京自由电子激光装置"。自由电子激光装置利用加速器产生激光,具有波长连续可调、短脉冲、高功率等特点,科研和应用潜力非常大。因此,科技先进的国家都纷纷研制。但它的研制难度很大,远远超过了一般加速器。经过几年技术攻关,北京自由电子激光装置于1993年胜利建成,成为亚洲第一台红外自由电子激光装置,证明我国在这个领域已进入国际领先行列,而装置的费用只是国外同类装置的十分之一。这个项目获得了国家科学技术进步奖。谢家麟还突破了加速器的设计原理,将电子直线加速器一直沿用的三大系统精简为两大系统,不仅大大降低了制造成本,而且创新了电子加速器的设计理论。

2016年2月20日,谢家麟院士逝世。他的学生说:"(先生)如一颗星在天际闪烁,先生的学术成就激励我们继续努力,在没有终点的旅程中砥砺前行。"

(边东子)

星人物	吴良镛	星编号	9221
发现日	1995-12-2	命名日	2016-1-4
发现者	中国科学院国家天文台兴隆观测站		

建筑之星——吴良镛 美轮美奂手中出

吴良镛（1922-6-2～　），中国共产党党员，民盟盟员。江苏南京人。建筑学家、城乡规划学家、教育家。1944年毕业于重庆中央大学建筑系。1948年赴美国匡溪艺术学院建筑与城市设计系学习，1950年获硕士学位。清华大学建筑系教授，国际建筑师协会副主席，世界人居协会副主席，清华大学建筑与城市研究所所长，清华大学人居环境研究中心主任。

星成就　　参与一系列重大建筑规划,如毛主席纪念堂、国家图书馆等。设计并主持了北京菊儿胡同改造,积极倡导和发展人居环境科学。起草了《北京宪章》。设计了中央美术学院新校园、曲阜孔子研究院、南京江宁织造博物馆等著名建筑。在清华大学培养了一批现代建筑人才。

星荣誉　　1980年当选中国科学院学部委员(院士)。1995年当选中国工程院院士。1996年获国际建筑师协会屈米奖,亚洲建筑师协会金奖。2002年获荷兰克劳斯亲王奖——桂冠奖。2012年获2011年度国家最高科学技术奖。2018年被党中央、国务院授予"改革先锋"称号和改革先锋奖章,并被评为"人居环境科学的创建者"。

星金句　　读万卷书,行万里路;拜万人师,谋万家居。

美轮美奂手中出

　　吴良镛于1922年出生在南京,当时,军阀混战,兵连祸结,民不聊生,尤其是1937年中日战争全面爆发,南京沦陷,他跟着兄长流亡到重庆。1940年7月27日,在合川县上中学的吴良镛刚刚结束高考,县城就遭到日军空袭,大火烧了一夜,直到第二天才被一场大雨浇灭。合川县中学被炸,该校的名师戴庆成遇难,日寇的暴行激起了吴良镛的怒火,他暗暗立下报仇雪恨、重建家园的誓言,也因此报考了重庆中央大学建筑系。在这里,他幸遇杨廷宝等名师,后又成为著名建筑大师梁思成先生的得意门生,并且

经常得到林徽因的指点。毕业后,他被梁思成推荐到美国匡溪艺术学院求学,师从世界著名建筑大师伊里尔·沙里宁。1950年毕业后,因新中国百业待兴,梁思成先生给他写信,召唤他回国。从此,他就投身到新中国的建设和教育事业当中,并取得了一系列辉煌的成就。

作为建筑大师,他的代表作说大也很大,说小也很小。许多建筑大师都是因美轮美奂的大型建筑而闻名的,吴良镛的名作却是北京的一条胡同,甚至是一个小小的院落。

北京的胡同和上海的石库门、天津的小洋楼一样,是城市的传统特色建筑。所谓胡同,其实就是窄窄的小街,狭长的小巷。北京南锣鼓巷附近有一条菊儿胡同,过去这里是一座座四合院。但是,随着人口的增长,时间的推移,这些四合院越来越衰败,到了20世纪70年代,已经成了大杂院,房屋破旧,拥挤不堪,有的甚至成了危房,亟待改造。1987年,吴良镛受邀对菊儿胡同的改造进行规划设计。

这样的老院旧宅应当如何改造呢?当时通行的办法就是把原有的四合院推平拆掉,再建五到六层的住宅楼。这种方式省时、省力、省脑筋,但是也把北京四合院的特点全部"推"光了。四合院本身有很多优点,如结构简单、冬暖夏凉。尤其是坐北朝南的正房,冬天的暖阳可以直射屋内;夏天的烈日又被遮挡在屋檐之外,加上南北通透,在夏季,甚至可以不用空调、电扇。四合院,顾名思义,四面是房屋,中间是院子。院内一般栽种着海棠、石榴,有的还有金鱼缸、葡萄架。春有芳草,秋有海棠,夏可听雨,冬可赏雪,人和自然融为一体,不像现代人居住在与自然隔绝的钢筋水泥大楼里,犹如居住在碉堡中。四合院最大的缺点就是容量小,能居住的人太少。因此,如何把四合院的优点保留下来,又让它适应现代社会的发展,这是吴良镛考虑的重点。

经过考察,吴良镛决定对菊儿胡同41号院先行试点。四合院原来只是供一个大户人家居住的,而现在41号院已经挤住着44户人家。院中设施落后,全院只有一个水龙头,住户们要排队接水;院子里连厕所都没有,住户们只能用胡同里的公共厕所。这显然与现代生活脱离得太远了。

吴良镛根据梁思成、林徽因长期以来对民居的考察结果,以及自己的经验,提出了"居住区的有机更新"和"新四合院"的设计方案。根据他的创新思路,菊儿胡同重新改造的院落既汲取了北京老四合院的优点,也汲取了南方民居的特色,更汲取了现代住宅的长处。菊儿胡同41号院经过改造后,平房变成了两三层的楼房,经过巧妙设计,容纳人口接近于现代五层住宅楼的人口,而它的结构仍是"四合院"式的。房屋的采光也充分考虑了四季的不同,不仅舒适,而且节能。在它那黑瓦白墙的主色调上,还点缀着些许京城特有的宫墙的红色。为了达到人与自然的和谐,院中的两棵大树被特意保留了下来。在此之后,整个菊儿胡同都以41号院的理念和标准进行了改造。

1992年,"菊儿胡同改造"项目获得亚洲建筑师协会金质奖章。钱学森给吴良镛发来了贺信,北京人民艺术剧院上演了以菊儿胡同改造为题材的话剧《旮旯胡同》。1993年,"菊儿胡同改造"项目获得联合国世界人居奖,并得到了这样的评价:"开创了在北京城中心进行城市更新的一种新的途径,传统四合院住宅格局得到保留并加以改进,避免了全部拆除旧城内历史性衰败住宅;同样重要的是,这个工程还探索了一种历史城市中住宅建设集资和规划的新途径。"

吴良镛参与的建筑设计说大也很大,因为他不仅设计某个具体的建筑物,更倡导要在城市规划和建设中注重"人居环境科学"。人居环境科学的概念是希腊建筑规划学家道萨迪亚斯提出的。不同于传统的建筑学,它所考虑的是小到村落、大到都市的整个人类聚居环境,而不只是盖一栋房,建一座城。吴良镛根据道萨迪亚斯的理念和观点进一步提出,要以人为本,注重人与自然的和谐。无论是建城市还是建村落,都要考虑到文化传承、社会环境、基础设施、居住者的感受等因素。吴良镛还以"人居环境科学"为指导,为1999年在北京举行的国际建筑师协会第二十届大会起草了著名的《北京宪章》。从那以后,《北京宪章》就成了各国建筑师遵从的指导原则。

吴良镛院士一向反对建筑师只顾炫耀自己,为了逐名追利而不顾及人居环境科学的原则,搞一些怪异的建筑。他怒斥这种现象,说:"很多未经消化的舶来品,破坏了城市原有的文脉肌理,导致有的城市成为外国建筑师标新立异的建筑设计实验场。"

现在,年近百岁的吴良镛院士仍然在不断地追求,在百年未有之大变局中,为全面建成小康社会,为人与自然的和谐而努力。他以"读万卷书,行万里路;拜万人师,谋万家居"为座右铭,自励自勉。愿这颗星更明亮,运行得更长久。

（边东子）

星人物　吴孟超	星编号　17606
发现日　1995-9-28	命名日　2011-5-3
发现者　中国科学院国家天文台施密特CCD小行星项目组	

肝胆之星——吴孟超　勇闯禁区

吴孟超（1922-8-31～2021-5-22），中国共产党党员。出生于福建闽清，马来西亚归侨。毕业于同济大学。著名肝脏外科专家。中国肝脏外科的开拓者和创始人之一。李庄同济医院终身名誉院长。

星成就　在中国首创常温下的肝脏切除手术,率先突破中肝叶手术禁区,建立了完整的肝脏早期诊治体系。

星荣誉　1986年获国家科学技术进步奖一等奖。1991年当选中国科学院学部委员(院士)。1993年获美国旧金山东华医院荣誉奖和陈嘉庚医药科学奖。1994年获何梁何利基金科学与技术进步奖,同年获全军科技重大贡献奖。2006年获2005年度国家最高科学技术奖。

星金句　如果有一天我要倒下去,就让我倒在手术室吧,这是我一生最大的幸福。

勇 闯 禁 区

　　吴孟超个子不高,也不是超人,却敢于拼搏,勇闯禁区。肝癌被称为"癌症之王"。治疗肝癌,最重要的手段就是手术切除,可是肝脏的血管非常丰富,而且四通八达,稍有不慎,就会危及患者生命,因此肝脏又被称为"手术禁区",但这个禁区却被吴孟超突破了。

　　吴孟超出身在一个马来西亚华侨家庭,父亲是一位胶农。吴孟超很小就要在胶园里割胶,因此,他养成了吃苦耐劳的品质。在学校,他受到思想进步的校长的影响,和同学一起为延安捐款,支援抗战,为此还收到了毛泽东主席和朱德总司令的感谢信,在他就读的光华学校引起了轰动。

　　为了抗日救国,吴孟超本想奔赴延安参加抗战。不料,到了

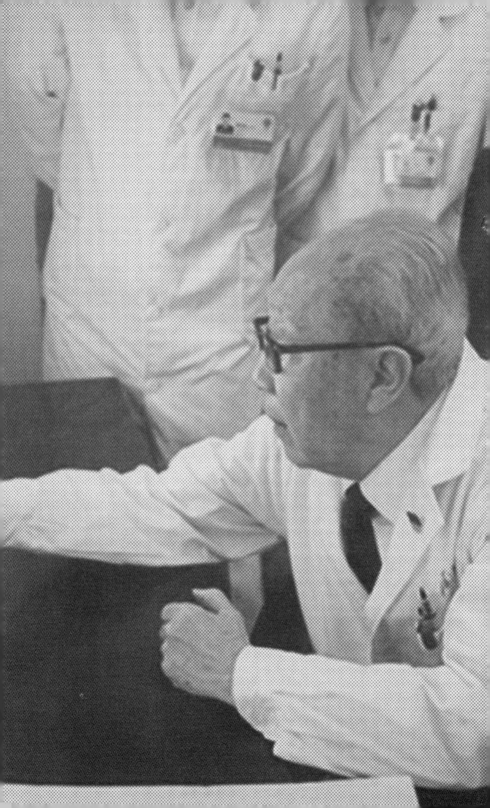

昆明他才知道,国民党在通往延安的道路上设置了许多关卡和集中营,奔赴延安的青年学生,往往会被拦阻,甚至被投入集中营。无奈,他只好在昆明进入同济大学附中学习。毕业后,他升入了同济大学,成为著名医学家裘法祖教授的学生。毕业后,他被分配到一家大医院当儿科医生。吴孟超提出自己想当外科医生,主管分配的人却说:"你这么高怎么能当外科医生?"

不想这话激怒了吴孟超,他立誓要当一名出色的外科医生,于是愤然离开了那所医院。就这样,名牌大学的"学霸"成了一名"待业青年"。幸好,一所部队医院看中了他,不仅让他担任了外科大夫,还让他担起了肝脏手术的重任。30年后,吴孟超果然成了一位不仅在国内享有美名,而且在世界上也享有盛誉的肝脏外科专家。

那是20世纪80年代的一天,一台重要的手术就要开始了。一个患了肝癌的中年人被推进了手术室,各种消毒好的手术器械已经整齐地排列好。医生和护士们都严阵以待,大家的表情都很凝重,因为这台手术太重要,也太复杂了。这次要做的是肝中叶切除手术,肝中叶被称为"肝脏禁区里的禁区",这种手术不仅国内没有人做过,就是在国际上也很少有成功的例子。因此,大家的心情都很紧张。

无影灯亮了,手术马上就要开始了。不料,主刀的吴孟超却开起了玩笑,把助手和护士都逗笑了。他这样轻松,仅仅是为了宽慰大家吗?不,是因为他艺高人胆大,才能这样从容不迫,信心十足。

不经历风雨,怎么见彩虹?他的本领是在长期为患者治疗的过程中磨炼出来的。当年,成为肝脏外科医生后,他就下苦功研究肝脏的构造。他想出了一个独特的办法,把肝脏做成标本,细细地观察,前前后后竟用了187个肝脏标本。因此,他对肝脏的构造,已经达到了如指掌、烂熟于心的程度。因为对肝脏的构造了解得这样透彻,动起手术来,他才能下刀又快、又准、又稳,出血量还非常少。人们把他的刀法称为“吴氏刀法”。

现在这个需要切除肝中叶的患者,是在其他医院认为无法手术后被吴孟超接收的,虽然当时吴孟超也没有把握,但是为了挽救患者的生命,他决定承担风险。为了做好这台难度空前的手术,吴孟超让患者在两个月的时间里好好休养,他自己却在这两个月内做了大量的准备工作,他在30多条实验犬上做试验,直到有了成功的把握,才下决心给患者做。

手术开始了。果然,吴孟超每一刀都很精准,每个动作都很到位,让助手们在心中啧啧赞叹。手术进行了多长时间,吴孟超和他的助手们都已经忘了。终于,手术顺利结束了,这是应当欢呼和鼓掌的时刻,可是因为太饿了、太累了,大家都有些麻木,还是吴孟超轻轻的一句“今天我请客”,才引出了一片欢乐的笑声。

1983年,凭着纯熟的“吴氏刀法”,他为四个月大的女婴成功切下了重达600克的肝母细胞瘤,这个瘤子比婴儿的脑袋还大,打破了相关的纪录。

吴孟超有大医风范,他的着眼点是如何挽救患者的生命。为此,他想了很多办法,如积极推行“综合治疗”,就是诊病时联合其他相关科室共同诊断;有的患者肿瘤很大,不适合做手术,就请内科医生用化疗方法或放射科医生用放疗办法将肿瘤缩小后,再实施手术。

21世纪初出现了免疫疗法,吴孟超是这种新疗法的先行先试者。他积极探索,勇于实践,取得了令人鼓舞的效果。

"大医治未病",肝癌在中国是一种多发癌症。它往往是由肝炎发展为肝硬化,再由肝硬化转化为肝癌的。为了防患于未然,吴孟超大力推动肝炎的预防和筛查。

评选国家最高科学技术奖的时候,为了迎接检查组,医院提出把接待检查组那天要进行的一台手术延后一天,但是吴孟超坚决不同意。后来,检查组知道了这件事,还以为是什么大人物要进行手术,吴孟超才不能推迟手术时间,可吴孟超却说:"那是河南的一位农民,为了做手术,东挪西借才凑了钱,多耽误一天,他就多一天的负担。"检查组的人听了都非常感动。

吴孟超创造了奇迹,奇迹也发生在他身上。直到90多岁,他还能手不抖,眼不花,以特有的"吴氏刀法"做漂亮的手术。然而,奇迹不是总能发生的,2021年5月22日,他和另一位巨星袁隆平几乎同时辞世。他生前曾经多次寄语后来者,人类还没有真正攻克癌症,还要靠后人不懈努力。谁能担起这样的重任?那颗吴孟超星在空中等着,看着……

（边东子）

星人物	杨振宁	星编号	3421
发现日	1975-11-26	命名日	1997-5-25
发现者	中国科学院紫金山天文台		

中华科技之星——杨振宁

首夺诺贝尔奖的华人科学家

杨振宁（1922-9-22~　），出生于安徽合肥。世界著名物理学家。西南联合大学毕业，并于1944年获得硕士学位。1948年获芝加哥大学博士学位。1955年任普林斯顿高等研究院教授。1966年任纽约州立大学石溪分校爱因斯坦讲座教授兼理论物理研究所所长。1986年任香港中文大学博文讲座教授，1993年任香港中文大学数学科学研究所所长。1998年任清华大学教授。2015年恢复中国国籍。

星成就   1956年,与李政道合作提出基本粒子弱相互作用下宇
        称不守恒理论;提出杨-巴克斯特方程,提出量子研究
        的新方向。他大力促进中外学术交流,推动了多所中
        国大学设立研究中心。

星荣誉   1957年和李政道共同获诺贝尔物理学奖。1996年被
        授予国家级国际科学技术合作奖。1999年纽约州立
        大学石溪分校将理论物理研究所命名为"杨振宁理论
        物理研究所"。 2008年当选"改革开放三十年中国最
        有影响的海外专家"。获得2019年度"求是终身成就
        奖"。他是中国科学院院士、美国国家科学院外籍院
        士、俄罗斯科学院院士、英国皇家学会外籍会员,并被
        多所中外大学聘为名誉教授、校长。

星金句   中国的优势就在于拥有世界上任何一个国家都不能比
        的青年人才,21世纪的中国青年负有特别的使命,希
        望每一位大学生都能认识到这一点。

首夺诺贝尔奖的华人科学家

　　杨振宁曾和美籍华人科学家李政道一起,于1957年荣获诺
贝尔物理学奖。可是,他在人生路上也曾"误入歧途"。

　　杨振宁的母亲很重视对他的教育,在4岁时,他就认识3000
个汉字了。5岁时,因为父亲杨武之到清华大学任教,全家迁到了
北平。1937年,日本侵略军发动"七七"事变,北平局势动荡,杨振

宁一家离开了北平。1938年,杨振宁全家来到了昆明。由于成绩优秀,他在高二时就考入了西南联合大学。1942年大学毕业后,他跟随王竹溪教授读研究生。1945年,他通过了庚子赔款留学资格考试,进入芝加哥大学学习,师从恩利克·费米教授。费米是世界上第一位建造原子反应堆的科学家。

可是过了一段时间,杨振宁突然要"改行"了。原来,物理学分为理论物理和实验物理,他跟随费米学的是理论物理,那他为什么提出要改学实验物理呢? 他对老师说:"我总得回到中国去。回国后,我觉得理论物理没有什么用,中国需要的是实验物理,所以我要做这方面的工作。"

可见,杨振宁赴美国之初就明确了将来要回中国。而且,他是根据祖国的需要来选择专业的,动机自然很好。可是他在做实验时发生了几次爆炸,虽然没有伤到人,却也很吓人,同学和老师甚至开玩笑说:"哪里有杨振宁,哪里就有爆炸。"

杨振宁这才意识到,自己的动手能力比较差,实验物理并不是自己的专长。于是在"误入歧途"20个月后,他在泰勒教授的建议下,又回头学习理论物理了。他的老师泰勒教授也是一位"牛人",被称作"美国的氢弹之父"。泰勒对杨振宁的影响很大,泰勒很有个性,谈起话来往往如天马行空,想到哪里就说到哪里。他还经常冒出一些千奇百怪的想法,他曾经说,如果一天有十个想法,其中只有半个是正确的,那么一年就会有一百多个正确的想法。他还喜欢和人讨论问题,不管是满腹经纶的学者,还是普通的杂役或厨娘,甚至在吃饭时,他也会摞下餐具和人争论。因此,杨振宁也有了喜欢讨论问题的习惯,这对他的成功起了很大作用。

1948年,杨振宁获得了博士学位,取得了初步的成功。他曾经说自己是幸运的,但幸运者在成功路上也会犯错,杨振宁就犯过错误。那是在读研究生的时候,一天,他偶尔在报纸上看到了一个有奖猜字游戏。这个游戏在杨振宁看来并不难,而且第一名会得到5万美元奖金!年轻人哪有不爱玩的?况且还有巨额奖金。于是他就和几个同学组队参加了这个游戏。果不其然,他们和另一组玩家获并列第一,但游戏组织方却说,奖金只能发给一组获胜者,因此要求加赛一次。按要求,杨振宁要把《韦伯大字典》中所有5个字母组成的单词都挑出来。于是他就躲在图书馆里废寝忘食地干起这件"大事"来。一天早晨,熬了一夜的他,从图书馆昏昏沉沉地出来,偶然看到报纸上赫然登着"汤川秀树获今年诺贝尔物理学奖"的消息,汤川秀树是第一位获诺贝尔奖的日本人。这个消息如一桶冷水浇头,又如一声惊雷贯耳,顿时让他清醒了。他对自己大喝一声:"杨振宁,你在干什么!"便断然抛开了猜谜赢5万美元的"大事",又投入到真正的大事中去了。

从1949年开始,杨振宁到普林斯顿高等研究院读博士后并开展研究工作。正是在那里,他开始与李政道合作。当时普林斯顿高等研究院的院长是有"原子弹之父"之称的奥本海默。他曾经说,他最喜欢看的一道亮丽风景线,就是杨振宁、李政道在普林斯顿校园的芳草地上切磋问题。

1956年,杨振宁和李政道共同提出了基本粒子弱相互作用下宇称不守恒理论。这一理论直接挑战了当时人们普遍认为是"金科玉律"的"宇称守恒定律"。著名美籍华人女科学家吴健雄又用经典实验证明了他们的理论。终于,杨振宁和李政道共同获得了1957年诺贝尔物理学奖,在世界上引起了强烈反响。这也是华人第一次夺得诺贝尔奖,大大增强了中华儿女的自豪感。

在接受诺贝尔奖的仪式上,杨振宁在致辞中说:"我深深察觉到一桩事实,从广义上说,我是中华文化和西方文化共同的产物,既是双方和谐的产物,又是双方冲突的产物。我愿意说,我既以我的中国传统为骄傲,同样的,也为我献身于现代科学而感到满意。"这番话,表达了他对中国文化的热爱,也证明了人类的不同文化只有兼容并包、互相交流,才能结出硕果。

1971年,中美关系还处于乍暖还寒的时期,他就回国访问,成了美籍知名学者访问新中国的破冰者。他还积极为中国的发展建言献策。他大力帮助中国学者出国交流进修,并结出了丰硕成果。他还资助有培养前途但家境贫寒的学生,帮他们圆大学梦、留学梦、报国梦。

杨振宁为了让世界了解中国,为了中国科技的发展,对中外科技文化的交流做了大量的工作。2015年4月1日,杨振宁正式放弃美国国籍,成为中国公民,并于2017年2月正式转为中国科学院院士。中国天文学家以他的名字命名小行星,也表达了全球华人对他的敬意。

（边东子）

星人物	王绶琯		星编号	3171
发现日	1979-11-19		命名日	1993-10-11
发现者	中国科学院紫金山天文台			

科学启明星——王绶琯　热心科普的大科学家

王绶琯(1923-1-15~2021-1-28)，出生于福建福州。天文学家、科普教育家。1943年马尾海军学校毕业，1945年赴英国格林尼治皇家海军学院学习（这些院校都不设学位）。1950年受聘于英国伦敦大学天文台。1953年回国，先后就职于中国科学院紫金山天文台、上海徐家汇观象台、北京天文台。

星成就　研制出多种射电天文设备。中国现代天文学的奠基人之一，与多名院士联合倡议创立北京青少年科技俱乐部。

星荣誉　1980年当选中国科学院学部委员（院士）。1996年获何梁何利基金科学与技术进步奖。1998年当选国际欧亚科学院院士。

星金句　前贤浩气凛犹存，苟利国家生死矣。于今国步尚艰难，共济同舟首遵纪。

热心科普的大科学家

1998年7月，北京市科学技术协会青少年工作部收到了一封特殊的来信。写信的人大名鼎鼎，他就是北京天文台原台长、中国科学院院士王绶琯。而他的来信，则是为了一件"小事"。说它小，倒不是因为这件事不重要，而是它与一些小孩子有关。

在信中，王绶琯表示，他自己曾在科普活动中接触过很多优秀的学生，然而这些学生后来都无声无息了。他认为，青少年时期是培养科学兴趣的关键期，应该有这么一个组织，专门给热爱科学的青少年铺路搭桥。这封信，成为后来闻名全国、在青少年科普教育中发挥重要作用的北京青少年科技俱乐部成立的发端。

一位大科学家，怎么操心起小孩子的事来了？这与王绶琯自己的经历息息相关。

王绶琯一直很喜欢"大手拉小手"这个说法，认为它很形象、

很亲切。他经常说,人一生要走很长的路,一路上就常常要有人拉一把。王绶琯自己年轻时路就走得很艰难,是遇到了几双"大手",才有幸"走进科学"的。

这几双"大手"里,就有曾任伦敦大学天文台台长的格里高利。天文学家王绶琯起初并不是学习天文学的,而是在马尾海军学校学习了9年的航海和造船。22岁时,王绶琯通过了公费留学资格考试,进入英国格林尼治皇家海军学院进修。巧的是,这所学院的"邻居"就是大名鼎鼎的格林尼治天文台。

从那时起,王绶琯对天文学产生了兴趣。他鼓起勇气给格里高利写了一封求职信。没想到,收到这封信后,格里高利竟然接受王绶琯进入伦敦大学天文台工作了。一双天文学家的"大手"就这样和一双未经专业训练的"小手"握到了一起。

这次拉手,让王绶琯走上了研究天文学的道路。1952年,王绶琯在收到时任紫金山天文台台长张钰哲的邀请后,决定立即回国,为祖国的天文学研究奉献自己的智慧。

回国后,王绶琯投入到我国天体物理学科的创建工作中。1955年,他又来到上海承担"提高时间信号精确度"的任务。经过一年多的努力,王绶琯和同事改进了测时、授时、播时的技术,将中国的授时精度提高到百分之一秒。自此,"北京时间"真正成了中国的标准时间。

1958年,海南岛发生日环食,苏联天文学家带着射电望远镜来观测。时任中国科学院副院长的吴有训抓住机会,组织一批人学习射电天文望远镜的使用,王绶琯便是其中一员。此后,王绶琯调往新建的北京天文台(国家天文台前身)筹建并开展射电望远镜研究。20世纪80年代后期,王绶琯和苏定强共同提出了"大天区面积多目标光纤光谱望远镜(LAMOST)"的攻关项目,力求在天文光谱实测领域实现突破。这个项目被列为国家重大科学工程。2009年,LAMOST正式通过国家验收,确定它的高光谱获得率居世界天文望远镜之首。

在取得一个个科研成就的同时,王绶琯并没有忘记自己是怎样踏上天文学研究之路的。他时时回想起曾经帮助自己实现天文梦想的那一双双大手,觉得自己有责任为社会做点什么。

王绶琯认真统计了20世纪159位诺贝尔物理学奖得主的信息,他发现,杰出科学家的首次创造高峰一般出现在30岁之前,包括爱因斯坦、玻尔、海森堡、李政道等皆是如此,他将此现象称为"科学成就的年龄规律"。由此,王绶琯提出,明日杰出的科学人才很可能产生在今日有志于科学发现的高中学生里,杰出科学人才的起步应在十六七岁的高中阶段。

而"那些当年被寄予厚望的少年,有多少走上了科学的道路? 作为前辈的我们这一代人,反躬自问,是否也有失职之处?"这样的反思,是促使王绶琯写那封信的原因。这封信得到了相关部门的重视。1998年,王绶琯寻求中国科学院科普领导小组的帮助,联合60位著名科学家发起倡议,并最终促成1999年北京青少年科技俱乐部的成立。刘东生、王大珩、邹承鲁……那张签名的纸张如今已经泛黄,但上面的一个个名字却星光熠熠,阵容堪称豪华。

古稀之年,王绶琯全身心投入到青少年的科普教育工作中。他亲自为俱乐部设计了一整套发展蓝图,参与了俱乐部筹建的每个过程。为了与学校、科研机构进行合作,王绶琯亲自带领俱乐部初创人员一家接着一家拜访,商议合作细节。那年,王绶琯已经76岁高龄了。

　　王绶琯与同事的努力没有白费。20多年来,在北京青少年科技俱乐部,先后有700多位导师和5万多名中学生参与科研活动,其中有约2300人次走进近180个科研团队和国家重点实验室参加科研实践。俱乐部中,有些早期会员已成为国际科学前沿领军人物,不少年轻人在步入社会的不同领域后仍能感受到俱乐部对自己的深刻影响。他们尊称王绶琯为"科学启明星",而他们自己也已成为那双"大手",把后来的一双双"小手"继续拉起来。

(张文静)

星人物	闵恩泽	星编号	30991
发现日	1995-9-28	命名日	2010-9-23
发现者	中国科学院国家天文台施密特CCD小行星项目组		

石化之星——闵恩泽 催生催化剂的人

闵恩泽(1924-2-8~2016-3-7),祖籍浙江吴兴,出生于四川成都。石油化工催化剂专家。1946年毕业于国立中央大学,1951年获美国俄亥俄州立大学博士学位,1955年回国后进入石油工业部北京石油炼制研究所工作。曾任中国石油化工股份有限公司化工科学研究院副院长、总工程师。

星成就　中国炼油催化应用科学的奠基者和创新的先行者，绿色化学的开拓者。研制出多种炼制石油必需的催化剂。开展了磁稳定床等新反应工程的基础研究。开创了绿色化学的研究和生物柴油制造新技术。

星荣誉　1980年当选中国科学院学部委员（院士）。1985年获国家科学技术进步奖二等奖。1993年当选第三世界科学院院士。1994年当选中国工程院院士。2008年获2007年度国家最高科学技术奖。

星金句　在别人屁股后面跑，永远超不过人家。

催生催化剂的人

1964年，闵恩泽被告知一个紧急情况：再过半年，中国的飞机就飞不起来了。那时，祖国的蓝天将无法保卫，快捷的空中交通将断航……

这是怎么回事？原来，20世纪50年代之前，中国的石油工业非常落后，中国被人称为"贫油国"，直到1959年10月，中国才有了第一个大型油田——大庆油田。但是光有石油还不行，还必须把它炼成汽油、柴油、煤油，而炼油必须要用到催化剂。那时中国还无法生产催化剂，西方国家又对我国进行市场封锁，我们只能从苏联进口。但是到了1964年，因为中苏关系恶化，苏联常常不按约交付催化剂，尤其是用于炼制航空用油的"小球硅铝裂化催化剂"干脆就断供了。当时，中国库存的这种催化剂只够再用半

年,也就是说,如果不能自行生产这种催化剂,即使有了大庆油田那样的大油田也没有用,中国的飞机就只能趴在地上"望天兴叹"。

因此,心急如焚的石油工业部领导将这个情况告知闵恩泽,并请他帮助解决这个难题。闵恩泽感到了沉沉的压力,但也感到了深深的信任。

因为长辈们很重视文化传承,所以闵恩泽从小就受到良好的教育。1936年,他进入南薰中学读初中,两年后考入省立成都中学读高中。1942年,他以优秀的成绩考入了为躲避战火从南京迁到重庆的国立中央大学化学工程系。

1946年大学毕业后,闵恩泽正在成都、上海工作和学习,忽然收到了大洋彼岸的召唤。是谁在召唤他呢?原来是他大学时的一位女同学,她叫陆婉珍,气质高雅、聪慧过人。陆婉珍于1947年赴美国留学,正是她召唤闵恩泽,鼓励他也来美国留学。闵恩泽本来就想出国深造,现在又有陆婉珍的鼓励,于是在1948年揣着半年的学费,以及借来的25美元零用钱,远涉重洋去了美国。

在美国俄亥俄州立大学,闵恩泽师从科佛特教授,仅用一年时间就获得了硕士学位。因为成绩优秀,还得到了奖学金,于是他开始攻读博士学位。1950年6月,他和陆婉珍一同完成了博士论文的准备工作,又一同牵手进入了婚姻的殿堂。1951年7月,他们双双获得了博士学位。

在得到博士学位后,这对夫妻本来打算立刻回国,但是由于朝鲜战争爆发,美国政府不允许中国留学生回国,闵恩泽和陆婉珍只得先找工作,设法生存下去。1951年,闵恩泽进入美国的一家化工公司担任高级工程师,他不仅在美国站稳了脚跟,而且享有优厚的待遇,但他和陆婉珍的心一直向往着祖国,从未改变。

1955年,美国迫于国际舆论的压力,不得不同意让中国学者回国。闵恩泽夫妇终于在1955年回到了朝思暮想的祖国。从此,他们有了一个新的人生起点,这就是为祖国石油化工的发展贡献智慧和力量。

现在,当他听到祖国蓝天的安全将有可能受到威胁时,他的心再也无法平静。他在上中学时就遭到过日军飞机的轰炸,他家的仓库就是被日军飞机炸毁的;他就学的中央大学也曾多次遭遇日军飞机轰炸,不仅校舍被炸,还有人员伤亡,学校不得不多次搬迁。正是这段经历,激励着闵恩泽刻苦求学,将来报效祖国。

现在,为了保卫祖国的蓝天,他临危受命,更觉得责任重大。因此,他全身心地投入到科研中。国家也调集了许多科技界的精兵强将,在闵恩泽的带领下刻苦攻关。经过三个月异常辛苦的工作,他们终于研制成了"小球硅铝裂化催化剂",并且顺利投产。中国空军的银鹰又能展翅翱翔了,中国的民航飞机又能载着旅客飞翔在云霄之上了。

可谁知,正在欢庆胜利之时,病魔却偷袭了闵恩泽,他不幸患了肺癌。这种病在今天都是疑难病症,在那个年代,治愈率更是低下。医生不敢把真实的病情告诉他,怕他的思想负担太重。谁知,他根本不把自己的病情放在心上,因为他的心思都放在催化剂上,达到了忘我的境界。在切除了两叶肺(人有五叶肺)后,他又投入到紧张的工作中去了。他的女儿曾经这样评价父亲:"脑子太单纯,只会想催化剂。"可能正是因为他没有思想负担,反而战胜了癌魔，创造了奇迹。

经过闵恩泽和同事们的努力，到了20世纪60年代，中国已经成为能够生产多种炼油催化剂的国家，这在全世界也是屈指可数的。到了80年代，中国炼油催化剂的水平已经居于世界领先地位。21世纪初，重视环保的闵恩泽院士又开始引领开发绿色炼油工艺，并使其逐步走向了工业化。在炼油催化剂的每个关键发展阶段，闵恩泽都立下了赫赫战功。

他不仅工作非常出色，而且也是非常有生活情趣的人。有时，他会带着夫人，也就是教授级高级工程师、博士生导师、中国科学院院士陆婉珍去品尝美食。更难得的是，他还会系上围裙，如大厨一般，给家人、朋友或学生们烧几个拿手好菜。人们说那也是"催化剂"——健康和快乐的催化剂。

2016年3月3日，在距离生命的终点不到一百个小时时，躺在病榻上的他仍然关心着中国石油化工的发展，和一位石油化工企业的负责人谈未来的发展，谈他的理想。看到这一幕的人，都流下了感动的泪水。

现在，闵恩泽化作了一颗小行星。那颗不停运转的小行星，似乎仍在不停地思考着新的科研任务。

（边东子）

星人物	郑哲敏	星编号	12935
发现日	1999-10-2	命名日	2010-10-30
发现者	中国科学院国家天文台		

力量之星——郑哲敏 爆炸也是创造

郑哲敏(1924-10-2～2021-8-25)，中国共产党党员。祖籍浙江宁波，出生于山东济南。著名力学家。1947年清华大学毕业。1949年获美国加州理工学院硕士学位，1952年获加州理工学院博士学位。他是我国爆炸力学的奠基人和开拓者，中国力学学科建设与发展的组织者和领导者之一。他是钱伟长和钱学森的学生，自1955年回国后，在中国科学院力学研究所跟随钱学森、郭永怀从事科研工作，后担任力学研究所所长。

星成就　　阐明了爆炸成型的机制,解决了火箭重要部件的加工难题。发展了一门新的力学分支学科——爆炸力学,为力学理论体系的建立和应用做出了突出的贡献。

星荣誉　　1980年当选中国科学院学部委员(院士)。1993年当选美国工程科学院外籍院士。1994年当选中国工程院院士。2013年获2012年度国家最高科学技术奖。

星金句　　你来到这个世上,能够有意义的是留下一些东西,做些工作,给社会带来一点正面的东西。

爆炸也是创造

在人们的印象里,爆炸只是破坏,但在郑哲敏手里,爆炸也是创造。那是1960年金秋时节的一个下午,在中国科学院力学研究所主楼前的一片空地上,郑哲敏正在主持一场前所未有的爆炸试验。不知底细的人会感到奇怪,这里没有要拆毁的建筑,没有要开凿的隧道,更没有敌人的碉堡,要炸什么呢? 试验开始了,只听"砰"的一声巨响,烟尘散去后,人们拿着一个铁制的小碗欢呼起来。造出一个小碗为什么这么高兴呢? 原来,这个试验就是用炸药将一块厚厚的铁板"炸"成一个小铁碗,这是一种新型加工方式——爆炸成型。

著名力学家钱学森拿着这个小铁碗高兴地对大家说:"这是中国第一次在精确计算了炸药爆炸的能量、释放方向和力度的情况下,将一块金属平板炸成预期的形状。它在航天事业中将非常

有用。"

钱学森为什么这样说呢？原来，20世纪50年代初期的中国工业还很落后，到了50年代后期，虽然有了很大进步，能造汽车、坦克、拖拉机了，但是要造火箭，就面临着许多困难。郑哲敏的"爆炸成型"工艺试验成功，就给"中国制造"添了一样利器，许多过去用普通方法无法加工的材料，都可以用爆炸成型法去制造了。接着，郑哲敏精益求精，结合固体力学、流体力学等方面的原理，终于用炸药"炸"出了火箭所需的特殊零部件。郑哲敏开创性的贡献在国际上也获得了承认。1964年，他获得了国家"新产品、新材料、新工艺、新技术一等奖"。

郑哲敏原籍浙江宁波，1924年出生于山东济南。祖辈以栽桑养蚕、养殖贝母为生。父亲郑章斐为谋生，在16岁时只身来到上海"亨得利"钟表店当学徒，后来还成了这家钟表店的合伙人。但郑哲敏七八岁时，父亲却告诫他"长大后不要经商，要好好读书，以知识谋生，并坚守诚信、老实、严谨做人的原则"。父亲的这番话为郑哲敏的人生定下了基调。

郑哲敏从小就爱读书，但从不死读书。他解题时不仅按照书本上教的方法做，而且还试着用书上没有的方法做。高中三年级的时候，他居然证明了圆球与球外一个质点间的引力关系。他由此总结出一条经验：用和书本上不同的方法解题，是检验自己是否真正理解了相关知识的好方法。

郑哲敏还喜欢从生活中寻找问题，并试着解答。他曾经设想，如果在轮船上打篮球，篮球的坐标是怎样变换的？如果一架微型飞机从天平上飞过，天平会有什么反应？他花了不少时间深入思考这些问题,并最终找到了正确的答案。

郑哲敏还注重自学能力的培养。上初中时,有一段时间,他因为经常头痛,不得不休学。在休学期间,他坚持自学英语、自学物理,阅读原版《几何原本》,不仅保证了学业进步,而且培养了自学能力和思考问题、解决问题的能力。

除了从书本上获得知识外,郑哲敏还喜欢通过自己动手来更全面、更深入地理解书本上的知识。少年时期的郑哲敏,因为自己家的楼下就是父亲的钟表店,"近水楼台先得月",他经常去看师傅们如何修理钟表。后来,他自己也学会了拆卸和安装钟表,也因此深入理解了钟表的工作原理。

郑哲敏还非常重视学以致用。老师讲了飞机的升降和转向是通过操纵副翼、升降舵和方向舵完成的,他就把学到的知识用到自制的纸飞机上,造出了与众不同的"新式飞机"。

郑哲敏不仅爱好学习,还喜欢运动,尤其喜欢武术。1935年夏天,他还是个小学生,就代表学校参加了济南市夏季运动会的集体对打表演。喜爱运动,这也是他健康长寿的原因。

郑哲敏爱祖国,有理想。读高中时,学校做调查,让每个学生填写自己的志愿。郑哲敏填的第一志愿是飞行员,第二志愿是工程师。抗战初期,那些同日军飞机英勇作战的中国飞行员,是青少年心中的偶像。想当工程师,是因为他想用自己的知识造出新式武器,早日把日本侵略者赶出中国,这也体现了他"科学救国"的理想。

1943年,郑哲敏考取了西南联合大学电机系,次年转入机械系学习。1947年在清华大学毕业后,留校为钱伟长教授当助教,跟着钱教授学习、工作。

1948年4月，由于钱伟长等几位著名教授的推荐，又经过严格的考试，郑哲敏成为全国唯一的"国际扶轮社"（一个国际慈善机构）奖学金获得者，因此得以进入美国加州理工学院学习。一年后，他成为钱学森的博士研究生。1952年6月，郑哲敏获得加州理工学院应用力学与数学博士学位，并在热弹性力学等方面取得了可喜的成果，但是美国优越的工作和生活条件并没有改变他科学报国的初心。1955年，美国政府刚刚解除不准中国留学生回国的禁令，郑哲敏就准备回国了，当时还在软禁中的钱学森叮嘱他："回国后，国家需要你干什么，你就干什么。不一定是尖端的，哪怕是测量管道水的流动也可以做。"

回国后，郑哲敏进入中国科学院力学研究所工作。1958年，中国科学院提出了"上天、入地、下海"的奋斗目标，力学所紧紧围绕这个目标开展工作。一天，已经回国的钱学森找郑哲敏谈话，让他做"上天"的课题。郑哲敏集思广益，决定以"爆炸成型"作为研究方向。两年后，就出现了开头的那一幕，首次试验就把厚厚的铁板炸成了一只铁碗。此后，又用爆炸成型法解决了火箭重要部件的加工难题。

随着中国的核试验转入地下，郑哲敏接受了"入地"的任务——探索预测地下核爆炸TNT当量的方法。经过深入研究，反复试验，郑哲敏他们终于获得了成功，为我国准确预测地下核试验的当量做出了贡献。

"入地"，不仅为了地下核试验，也是为了解决众多和平建设中的问题。中国是产煤大国，瓦斯爆炸事故对矿工生命危害极大。郑哲敏通过井下观察,组织试验,分析资料,为判断煤矿瓦斯危险程度提供了基础理论。

"下海"是郑哲敏应用和发展爆炸力学的又一领域。他开展了爆炸排淤的研究,解决了修筑海岸堤坝的难题。郑哲敏说:"现在我们建港口、建码头、建堤坝,沿海、沿江都用这个办法,叫作爆炸排淤填石法。"

除了天上、地下和水中,郑哲敏还管地面上的事。坦克和装甲车是敌人最为倚仗的武器。因此,如何对付坦克乌龟壳般的装甲,就成了抗击敌人入侵的重要课题。反坦克导弹和反坦克火箭弹,大多采用金属射流的原理击穿敌人装甲。郑哲敏开创性地提出了一系列关于破甲弹射流的理论,比国际通行的定律和公式更符合实际。这些工作为中国相关武器的设计与评估提供了坚实的理论基础。

在郭永怀副所长的支持下建立起来的、由郑哲敏担任室主任的爆炸力学研究室,进行过成百上千次试验,完成了爆炸成型、定向爆破、穿甲破甲等方面的许多重要任务,多次获奖,为祖国的建设和强大做出了重要贡献。

郑哲敏的一生都坚持科研题目要从实践中来,要为国家重大、紧迫的需要雪中送炭。他想培养兼有工程师和科学家素质的人才,这些人能把最先进的科学和未来工业的制造工艺结合起来。他希望能催生一种崭新的"工程科学",并为此耗费了大量心血。

因为郑哲敏的杰出贡献,他获得了2012年度国家最高科学技术奖。这是喜事,可是郑哲敏的获奖感言却是:"获奖时既感谢又觉得恐慌,甚至有一种没有完成任务的感觉。"

　　作为一名获奖者,他竟然觉得自己为国家和人民所做的贡献还不够多,甚至认为"没有完成任务"。这不仅反映了他的谦虚,更表现了他有宏大的奋斗目标。可见,那颗编号12935的小行星用他的名字命名,并不单单是因为他的贡献,更因为他有博大的胸怀和崇高的品德。

(李伟格)

星人物	王振义	星编号	43259
发现日	2000-2-8	命名日	2012-6-4

发现者　中国科学院国家天文台施密特CCD小行星项目组

克癌之星——王振义 独辟蹊径降癌魔

王振义(1924-11-30～　)，江苏兴化人，内科血液学专家。1942年免试进入震旦大学医学院(今上海交通大学医学院)学习，1948年毕业。曾任上海第二医科大学校长，上海血液学研究所所长，中华血液学会副主任委员，《中华血液学杂志》副总编辑。现任上海交通大学医学院终身教授和上海交通大学医学院附属瑞金医院终身教授，上海交通大学医学院附属瑞金医院上海血液学研究所所长。

星成就　　中国血栓与止血专业的开创者之一。开创了白血病的诱导分化疗法。在国际上首创用国产全反式维 A 酸治疗急性早幼粒型细胞白血病。

星荣誉　　1994 年当选中国工程院院士。1990 年获法国"1990 年杰出医生"奖牌，1992 年被授予法国科学院外籍院士。1993 年获法国荣誉骑士勋章。1994 年获国际肿瘤学界最高奖——凯特林奖。2011 年获 2010 年度国家最高科学技术奖。2012 年获圣捷尔吉癌症研究创新成就奖。2020 年获未来科学大奖生命科学奖。

星金句　　我们应该充满希望地去参与和帮助社会，如果只有抱怨，那就不会有前进的激情和动力。

独辟蹊径降癌魔

　　癌症是危害人类健康的大敌，人们治疗癌症多是想方设法把癌细胞消灭掉，而王振义教授却独辟蹊径，创造了一种全新的治疗方法——诱导分化法，让癌细胞"弃恶从善"，变成正常细胞。

　　1924 年，王振义出生在上海，因为父亲对他的期望是当一名医生，为了完成父亲的嘱托，也为了实现自己的理想，高中毕业后，他考入医学院，毕业后成了一名血液科医生。

　　血液是生命的源泉，但是，血液也会生病，最凶险的莫过于白血病了。白血病的种类很多，其中一种名叫"早幼粒型白血病"，特别凶险。得这种病的人，会在很短的时间里痛苦地死去。因

此,王振义很早就把治疗白血病作为自己的奋斗目标。有一次,他在阅读国外有关资料时发现,美国同行曾经尝试用一种药物治疗白血病,因为效果微弱,就放弃了。可是王振义想重复这个试验,看看其中有没有可以借鉴之处。当时这种药不仅在中国内地买不到,只能到香港去买,而且价格高,一般患者根本用不起。王振义只好用国内能够买到的性质相近且价格低的全反式维甲酸(也叫维A酸)代替,经过一番探索,竟然取得了出乎意料的良好效果。他又反复试验,反复改进,直到在试验室里取得了理想的结果,证明了用全反式维甲酸治疗白血病确实很有希望。

就在这时,一名5岁的女孩被送到了医院,她患了早幼粒型白血病,情况十分危急。治疗这种病,当时全世界也没有可靠的药物,怎么办?王振义不忍看一个天真烂漫的小女孩被癌魔夺去生命,他决定拼力一搏,试试全反式维甲酸的效果。在和家长沟通后,家长也认为,既然已经无路可走,那就拼一把吧!于是,王振义就把正在试验中的全反式维甲酸拿了出来,按照医案为小女孩治疗。一个星期过去,小女孩的情况大为好转;两个星期过去,小女孩竟然恢复到生病前的状态,又活泼,又可爱。王振义成功了,他不仅把小女孩从生死线上拉了回来,而且证明了白血病是可以战胜的。

为什么这种全反式维甲酸能够治疗早幼粒型白血病呢?原来,全反式维甲酸并不是将癌细胞杀死,而是通过它的引导,让穷凶极恶的癌细胞"改邪归正",也就是说,让恶性的"坏细胞"转变成了良性的"好细胞"。

那一年,王振义治疗了24位同样病症的患者,其中23位取得了令人满意的疗效。不过,美中不足的是,用这种方法治愈的患者,仍然容易复发;还有大约5%的患者对反式维甲酸不敏感,也就是说,反式维甲酸对他们的病不起作用。怎么办?王振义查了许多资料,和各个科室的专家进行过探讨,都没有结果。有一次,他在查阅资料时,看到哈尔滨医科大学附属医院的张亭栋教授用三氧化二砷治疗白血病,取得了相当好的效果。于是,他就请张教授和他一起合作,探究其中的奥秘。

用三氧化二砷治疗癌症,许多人听了都会觉得匪夷所思,因为三氧化二砷是有名的毒药。它常出现在中国古典小说和民间传说里,它有一个让人听了就惊悚不已的名字——砒霜,有人甚至称之为"毒药之王"。它怎么能治疗癌症呢?王振义带着他的学生陈竺和陈赛娟与张亭栋教授一起进行了深入研究。他们发现,其实在中国古代就有用砷制剂治疗癌症的记载。不仅在中国,在古希腊也有这方面的记载,中医的说法叫作"以毒攻毒"。

于是,王振义就把三氧化二砷引进了自己的新药物试验中,并取得了良好的效果。王振义发现,用复方维甲素和三氧化二砷联合治疗,有双重作用,它可以使癌细胞"迷途知返""改邪归正",同时又会杀灭那些"拒绝接受改造""顽抗到底"的癌细胞。人们把这种治疗方案称为"上海方案"。这种方案除了疗效好、治疗简便外,成本还非常低。联合化疗和砷制剂就能治愈过去花天价也治不好的绝症,不知为多少家庭免除了失去亲人的痛苦,也避免了因病致贫、因病返贫悲剧的上演。更重要的是,王振义开辟了治疗癌症的新路——诱导分化疗法。因此,国外权威医学刊物称他为"诱导疗法第一人",并且这样总结他的贡献:他是史上第一位在人体内把癌细胞改造为正常细胞的人,他是初步弄清了全反式维甲酸在白血病患者体内如何起作用的人,他是把传统的中医理论和现代分子生物学相结合,为治疗癌症提供了全新角度的人。

不过,特别要强调的是:三氧化二砷,也就是砒霜,是有毒的。因此,无论是患者还是患者家属,都必须去正规大医院就医,在医生指导下使用,才能保证安全,万万不可自己随意乱用。

王振义不仅是一位富有创新精神的医学家,而且是一位医学教育家。他带出了许多优秀学生,如陈竺和陈赛娟,就继承了王振义的创新精神,在研究中医药治疗早幼粒型白血病方面有新发现、新创造。陈竺成了中国科学院院士,他的夫人陈赛娟成了中国工程院院士。

如今,王振义已经是90多岁的老人了。那个被他从癌魔手中救回的5岁小女孩,不仅健康地活了下来,而且已经成长为一名学有专长、业有所成的白领了,这是他最开心的事。当有人告诉他,已经用他的名字命名了一颗小行星时,他却笑着说:"我可不想那么早'上天'。"可见他仍然思维敏捷,丝毫不减当年。

王振义为癌症治疗开辟出了一条新路,相信会有更多的人沿着这条路走下去,获得更多的成果;也会有人像他那样,开辟出治疗癌症的新路径,从而挽救更多的生命。

(边东子)

核弹帅星——朱光亚 中国核弹研制的引领者

朱光亚(1924-12-25～2011-2-26),中国共产党党员。湖北武汉人。著名科学家。1945年西南联合大学毕业。1950年获美国密歇根大学博士学位;同年回国,先在北京大学和东北人民大学(今吉林大学)任教,后历任二机部四〇一所研究室副主任,第九研究所副所长,第九研究院副院长,以及国防科学技术委员会副主任,中国工程院院长、党组书记等职。

星成就　　中国核科学的开拓者和领导者之一。中国原子弹、氢弹研制的组织者和领导者之一。参与了"863高科技计划"的起草。

星荣誉　　1980年当选中国科学院学部委员（院士）。1994年当选中国工程院院士。1999年获"两弹一星"功勋奖章。1996年获何梁何利基金科学与技术成就奖。

星金句　　苦读出真知。

中国核弹研制的引领者

朱光亚是中国核科技事业的卓越开创者和主要奠基人之一，也是核科技界公认的战略科学家。什么叫战略科学家呢？就是站得高，看得远，能为国家科技发展指出前进方向、提出发展规划的科学家。说到朱光亚的"站得高，看得远"，就得提到这样两件事。

朱光亚的办公室里摆着一个硕大的地球仪，他经常对人们说，不能两眼不看世界风云，只顾埋头搞研究。20世纪60年代初，在中国即将试爆第一颗原子弹时，美国等核大国于1963年7月25日，提出了一个禁止在大气层、外层空间和水下进行核试验的条约。从表面看，这是"善心善举"，而朱光亚在一份名为《停止核试验是一个大骗局》的报告中，揭下了他们虚伪的面具。原来，这些核大国已经在大气层中进行了大量核试验，取得了必要的数据，不需要再进行这样的试验了。他们要禁止大气层核试验，目

的就是阻止中国拥有核武器,而他们却可以通过地下核试验继续发展核武器。于是,中国政府发表了"中国政府主张全面、彻底、干净、坚决地禁止和销毁核武器,倡议召开世界各国政府首脑会议的声明",提出应当禁止包括地下核试验在内的一切核试验,并最终消灭核武器。1964年10月16日,我国成功爆炸了第一颗原子弹,打破了核大国的封锁。同时,中国政府又一次发表声明,重申中国政府关于全面禁止和彻底销毁核武器的主张,并且郑重宣布,中国在任何时候、任何情况下,都不会首先使用核武器,并再次郑重建议:召开世界各国首脑会议,讨论全面禁止和彻底销毁核武器问题。这让全世界感受到,中国发展核武器只是为了自卫,为了最终消灭核武器。这一天,平时严肃的朱光亚喝酒了,而且醉了……这是他生平第一次,也是唯一一次醉酒。

20世纪80年代,朱光亚又预见到美国很可能会提出全面禁止核试验。而这时,我国的核武器正处于一个重要发展阶段。为此,朱光亚和邓稼先向中央提出了相关的建议。

1996年第五十届联合国大会续会,以压倒性多数通过了《全面禁止核试验条约》。这时,我国已经做好了充分准备,在1996年7月29日进行了最后一次地下核试验后,宣布暂停核试验,并于9月24日签署了《全面禁止核试验条约》,受到了全世界的好评。而在此之前的1992年,中国已经签署了《不扩散核武器条约》。朱光亚等人的建议为我国争得了战略主动权,争得了和平发展的机遇。

朱光亚出身于湖北宜昌的一个普通职员家庭,后随父母迁居武汉,并且进入了小学和中学学习。他的各科成绩都很优秀,同学们问他有什么"秘诀",他说,如果有的话,那就是"苦读出真知"。

1941年,他考入西迁至重庆的中央大学物理系,在这里,名师赵广增教授引领朱光亚走进了丰富多彩的物理学世界。1942年秋,他转学到著名的西南联合大学,师从周培源、赵忠尧、王竹溪、叶企孙等著名教授。大学毕业后,他成为西南联合大学的一名教师,当时他年仅21岁,是学校最年轻的教师。

抗战胜利后,国民政府曾派出三位著名科学家吴大猷、曾昭抡和华罗庚,带领几名有为青年一同赴美国考察原子弹,其中就有朱光亚和李政道。因为美国政府不允许向任何国家透露原子弹的秘密,加上抗战胜利后中国国内形势发生了巨变,而且以中国当时的工业和科研基础,根本不具备研制原子弹的条件,考察组只好解散。朱光亚就此进入了美国密歇根大学研究生院进行核物理的学习和研究。

在密歇根大学攻读博士的4年里,朱光亚的成绩全是A。他的导师说:"看朱的卷子,是一件令人愉快的事情,是一种美好的享受。"

1950年2月,朱光亚获得了密歇根大学博士学位,成为当时核物理研究领域留学生中最年轻的博士。

新中国成立后,政府动员海外人才回国参加建设。担任密歇根大学中国留学生学生会主席的朱光亚牵头起草了《给留美同学的一封公开信》,信中说:"同学们,听吧!祖国在向我们召唤,四万万五千万的父老兄弟在向我们召唤,五千年的光辉在向我们召唤,我们的人民政府在向我们召唤!回去吧!让我们回去把我们的血汗洒在祖国的土地上,灌溉出灿烂的花朵。"

这封有着52名中国留学生签名的信,在欧美留学生中广泛传诵,激励了众多的爱国留学生回到了祖国的怀抱。

1950年初,朱光亚登上了远洋轮船,回到了祖国。回国后,朱光亚曾在北京大学、东北人民大学(今吉林大学)任教,一度还为中国人民志愿军停战谈判代表团担任英文翻译。他有一个信念,就是只有把个人命运与祖国命运紧密联系在一起,把自己的聪明才智献给祖国,个人的人生价值和理想才能实现。

此后,他进入中国科学院原子能研究所工作,参与了中国第一个原子能反应堆的建设。

1959年,苏联撕毁协议,拒绝继续援助我国研制核武器。中共中央决定,凭借自己的力量研制核武器。这一年的7月下旬,朱光亚被任命为二机部核武器研究所(九所)副所长。从此,他与中国的核武器结下不解之缘。

这时正是中国核武器事业的初创时期,朱光亚发挥了开拓者和技术领导人的重要作用,被誉为"中国工程科学界支柱性的科学家""中国科技众帅之帅"。王淦昌、彭桓武、郭永怀、程开甲,这些在当时就已很出名的科学家,还有陈能宽、周光召等一批科技骨干,都在朱光亚等人的建议下加入进来,组成了中国核武器研发的"黄金阵容"。

从第一颗原子弹爆炸,到原子弹和导弹的"两弹结合"试验;

从我国第一颗氢弹试验,再到中子弹试验;从第一颗原子弹在铁塔上爆炸,到用飞机空投核弹实现核爆炸,再到转入地下核试验……他参与和领导了我国核武器发展的全过程。中国核武器发展的每一个重要节点,都有他的心血和奉献。

核武器研制是一项宏大的系统工程,因此,互相协调非常重要。朱光亚有一种特殊的本领,能使上情下达、下情上告。他发挥的作用无可替代。钱三强认为他是"有本事的人",彭桓武评价他"细致安排争好省,全盘计划善沟通,周旋内外现玲珑"。可见,他是一位杰出的科技帅才。

但是,朱光亚却谦虚地说,在中国核武器早期研制工作中,自己所起的作用,犹如一个"瓶子口"——上面的方针和下面的意见,都要经过自己这个瓶子口来上传下达,有的还要经过筛选、过滤。后来,同事们私下里都亲切地称呼他为"瓶子口",或是"我们的'咽喉'"。

朱光亚没有官僚气,一直保持着科学家的本色,他从不哼哼哈哈地打官腔,更不说假话、废话。他在会议上讲话简洁明了,即使是专业方面的内容,也讲得通俗易懂。周恩来总理就曾夸奖他:"朱光亚的汇报很好!"

他主持会议时,常常只有短短的八个字,"现在开会""现在散会",有时甚至一言不发,却自始至终认真地做笔记,就连发言者看了,都惊叹他的记录准确详尽。

他是"干惊天动地事,作隐姓埋名人"的典范。1996年,他获得了何梁何利基金科学与技术成就奖,他将100万元港币捐给了工程科技奖励基金。他还把4万多元的稿费捐给了中国科学技术协会的一个基金会。

人们对他有许多赞誉,而他对自己的评价只有一句话:"我这辈子主要就干了一件事,搞中国的核武器。"

(张建民)

星人物	王忠诚		星编号	18593
发现日	1998-1-5		命名日	2012-6-4
发现者	中国科学院国家天文台			

神经外科之星——王忠诚

敢于在深渊上走钢丝的人

王忠诚(1925-12-20～2012-9-30)，中国共产党党员。山东烟台人。神经外科专家。新中国成立之初，毕业于北京医学院。曾任北京市神经外科研究所(今中国医学科学院神经科学研究所)所长，首都医科大学与清华大学(双聘)教授、博士研究生导师、主任医师，清华大学临床神经科学研究院院长，首都医科大学神经外科学院院长等职。

星成就　　中国神经外科事业的创始人和开拓者之一。在神经外科领域取得了国际公认的突出成就，他和他带领的团队取得了科研成果66项，发表论文300篇，出版专著20部。

星荣誉　　1994年当选中国工程院院士。1997年获何梁何利基金科学与技术成就奖。2000年被授予白求恩奖章。2001年获世界神经外科联合会"最高荣誉奖章"。2009年获2008年度国家最高科学技术奖。

星金句　　把"中国"刻在世界神经外科的状元榜上。

敢于在深渊上走钢丝的人

大脑是人体最精密、最复杂的器官，要在这里动手术，难度极大。有人甚至调侃说："宁在太岁爷头上动土，不在人的大脑上动刀。"可是王忠诚不仅敢在这里动刀，还创造了许多奇迹。

1951年，抗美援朝战争正在进行，刚刚在天津当上医生的王忠诚毅然报名到前线救治志愿军伤员。他亲眼看见一位小战士脑部受了重伤，因为受当时的医疗水平限制，不幸牺牲了。王忠诚非常难过，他下定决心要攻克神经外科的难关。但当时中国的神经外科基础几乎为零，就连一本专业书都很难找到。他不知跑了多少图书馆，才找到一本英文版的《神经外科学》。他捧着这本书足足钻研了半年，然而，书上的知识和中国的现实有很大差距。比如，神经外科做手术，需要做脑血管造影，我国的方法比较

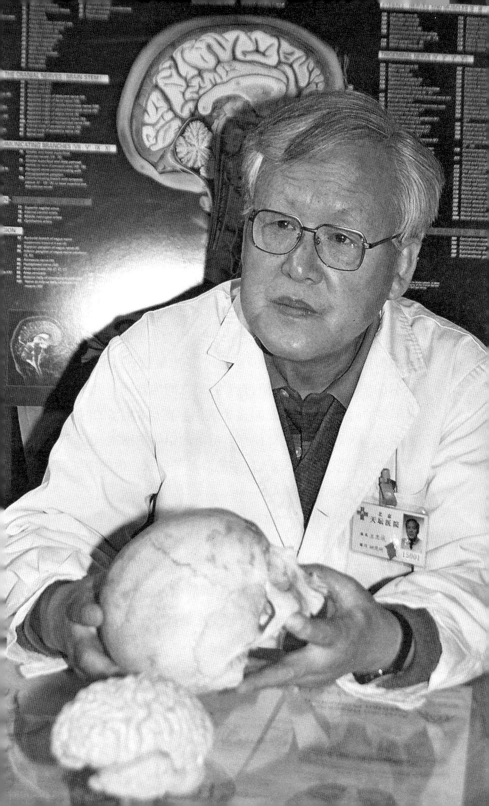

落后,效果差不说,患者还要忍受很大的痛苦。国外的方法先进安全,患者受的痛苦也小。但当时西方国家对我国实行技术封锁,很难引进这种先进技术。王忠诚就痛下决心,要创造出适合我国国情的脑血管造影术。

要做这样的大事,就要有很大的付出。一天,夜已经很深了,王忠诚还没有回家,他的夫人到处找,也不见他的踪影。最后,居然在解剖室中找到了他。原来,他正全神贯注地在患者遗体上研究血管的构造呢。有这种精神,什么样的难关不能攻克? 他终于创造出了适合中国国情的脑血管造影术。

掌握了脑血管造影术,只是第一步,因为不但要拍出片子,还要能根据片子做出准确的判断。为此,王忠诚把一张张影像片和手术后的实际结果进行对照,查看它们之间的差异。为此,他花了8年多的时间,对照了2500多个病例。在这8年多的时间里,因为总是与X射线为伴,即使穿着沉重的铅防护围裙,也无法完全防住辐射,他出现了头晕、白细胞降低等症状。他的白细胞数量最低时,甚至不足正常人的一半。

现在,一个工作日一般是6~8个小时,可王忠诚的一个"工作日"竟达到26小时。一天只有24小时,无论是对皇帝还是对乞丐都一样,王忠诚是怎么创造出这个奇迹的呢? 原来,他收了一位脑肿瘤患者,患者的肿瘤不但大,上面还布满了密密麻麻的血管。更要命的是,这个肿瘤竟然连接着脑干,施行手术非常困难,稍不小心就会碰伤脑干神经,患者就下不了手术台。但王忠诚不愿眼睁睁地看着患者失去生命,他要尽最大的努力。

一场难度极大的手术开始了,这时是北京时间早晨7时30分。没有想到,开颅后,发现病情比术前检查的结果更复杂,在手术过程中还多次出现险情。由于紧张，汗水浸透了王忠诚的手术服。待到手术完毕，患者得救了，王忠诚却累得几乎不能动了。看看时间，整个手术从早晨7时30分开始，不停不休，一直进行到第二天上午，整整用了26个小时。一个工作日26小时的奇迹就是这样创造出来的。这场手术后，王忠诚足足躺了一个月才恢复过来。可每当提起这件事，他总是笑笑说，只要能挽救患者的生命，自己付出的再多也值。

王忠诚富有创新精神。有一次，他们要为一名患者做手术，这名患者长的脑瘤叫作"颅内动脉瘤"，肿瘤大且不说，还紧压着脑动脉血管，如果直接切除，很容易造成脑动脉出血，患者必死无疑。还有一种办法，就是把通往肿瘤的血管结扎住，让肿瘤因为无法得到血液供应而萎缩，到那时再手术就容易多了。但受限于肿瘤生长的位置，用这样的办法会让大脑也无法得到血液供应，仍然会造成患者死亡。王忠诚和他的助手们大胆创新。他们把通向动脉瘤的血管的两端扎死，然后再用一根血管把结扎部位的两端连接起来，等于搭一个"桥"，让供应大脑的血液绕了个弯。这样，脑动脉照样通畅，可那个刁钻的肿瘤就会因为得不到血液供应而萎缩。不过，这只是一个方案，真要动起手术来，还有很多困难，首先就是脑血管太细，还不到一毫米粗，而手术要求在这样细的血管上缝8～12针，这可比大姑娘绣花要难得多，正像有人比喻的，这是"在万丈深渊上走钢丝"。为此，王忠诚和他的助手们先用兔子做试验，在显微镜下反复练习血管吻合术，直到有了把握才上手术台。结果，王忠诚和他的助手们又创造了一个奇迹。

经过十几年的攻关，王忠诚总结出一套针对不同脑干肿瘤而采取不同手术方式的理论和方法。以此为指导，从1980年到

2008年,王忠诚和他的团队进行了1100多例相关的手术,死亡率低于1%,在世界上处于领先地位。

除了在脑干上"走钢丝"外,王忠诚还挥刀斩向了脊髓内肿瘤。1995年,医院收治了一名来自江苏淮阴的患者。这名患者的脊髓里长了一个罕见的肿瘤。这个肿瘤粗约2.5厘米,长达22厘米,像一条毒蛇,霸占了9节椎体的空间。患者本是一个1.8米高的小伙子,因为受肿瘤所累,全身肌肉严重萎缩,入院时的体重还不到45千克。脊髓内肿瘤一向被认为是不治之症,但是王忠诚出于大医仁心,决定尽全力救治这个小伙子。经过10个小时的连续奋战,凭着高超的技术和强烈的责任心,肿瘤终于被王忠诚剥离下来了。这是当时世界上成功切除的最大的脊髓内肿瘤。两年后,为了对患者负责,也为了总结经验,医院派出了复查小组,到淮阴回访患者。可出现在他们面前的哪里是患者,明明是一个生龙活虎的连煤气罐都能扛着走的壮小伙。

如果翻看医学的世界纪录,可以看到其中有许多王忠诚创造的"世界之最"。比如,成功治疗世界上最大的脑干血管网状细胞瘤,一次成功切除10个脑干和脊髓内多发血管网状细胞瘤,等等。

王忠诚从医60多年,培养了80多名研究生。全国有6000多位神经外科专业人才,其中有三分之一是王忠诚直接或间接培养起来的。

王忠诚院士虽然挽回了无数人的生命,却不能永远留住自己的生命,2012年9月30日,他化作了那颗国际永久编号为18593的小行星。不过,他的学生和后继者已经遍及祖国各地,他们会像王忠诚那样,做最美的奋斗者。

（边东子）

星人物	谷超豪		星编号	171448
发现日	2007-9-11		命名日	2009-8-6
发现者	中国科学院紫金山天文台盱眙观测站			

数学之星——谷超豪 数学和诗

谷超豪（1926-5-15～2012-6-24），中国共产党党员，中国民主同盟盟员。浙江温州人。著名数学家。1948年毕业于浙江大学。1959年获莫斯科大学博士学位。曾任复旦大学副校长，中国科学技术大学校长，温州大学校长等职。

星成就   在一般空间微分几何学、齐性黎曼空间、无限维变换拟
         群、双曲型和混合型偏微分方程、规范场理论、调和映
         照和孤立子理论等方面取得了系统的重要研究成果，
         特别是首次提出了高维、高阶混合型方程的系统理
         论。在超声速绕流的数学问题、规范场的数学结构、波
         映照和高维时空的孤立子的研究中取得了重要的
         突破。

星荣誉   1980年当选中国科学院学部委员（院士）。2010年获
         2009年度国家最高科学技术奖。

星金句   不仅要学好数学，更要学会如何用数学来解决实际
         问题。

数 学 和 诗

很多人认为，数学枯燥乏味，他却认为，数学趣味无穷。很多
人认为，文学无关数学，他却认为，文学与数学相通——因为它
们都讲对称，都讲变换。

他就是谷超豪。他幼年由婶婶抚养，婶婶善良、乐于助人的
美德深深地影响了他。少年时期的谷超豪不仅聪颖好学，而且热
爱祖国，关心民间疾苦。1939年4月，日本飞机炸毁了他就读的
温州中学，更激起了他对帝国主义的仇恨，加上进步书刊的影响，
他积极投入到抗日救亡运动中。1940年，还在读初中三年级的谷
超豪毅然加入了中国共产党。

谷超豪与夫人胡和生

1943年，谷超豪考入浙江大学龙泉分校。这所学校的条件非常艰苦，理、工、农三所学院的一、二年级学生都挤在一幢不大的三层楼房里上课。晚上，学生们都在昏暗的小油灯下学习。在这样艰苦的条件下，谷超豪仍然读了许多书，其中一本关于射影几何的书，引起了他极大的兴趣，成了他钻研几何学，走向数学研究的起点。

抗日战争胜利后，浙江大学从贵州迁回杭州，谷超豪也于1946年成为著名数学家苏步青教授的学生。大学毕业后，苏步青就让他担任了自己的助教。

在苏步青教授门下，谷超豪不仅学到了知识，还学到了治学方法和教育理念。在苏步青的指导下，他25岁时就完成了《隐函数方程式表示下的K展空间理论》，展现出数学方面的天赋，并迅速成为苏步青领导的中国微分几何学派的学术骨干。

1956年，谷超豪被选送到著名的苏联莫斯科大学留学，两年后获该校物理-数学科学博士学位。在数学领域里，苏联在世界上一向处于领先地位，能在莫斯科大学得到博士学位是很不容易的。而且，中国留苏人员大都只能获得副博士学位，这是苏联特有的学位，在我国被认为相当于博士学位。

谷超豪一向以国家的需要为自己的科研和教学方向。他本来是专攻微分几何的，但苏联于1957年发射了人类第一颗人造卫星后，他敏感地预见到我国也将发展火箭、卫星、超声速飞机等尖端技术，这将对数学提出新的、更高的要求。于是，他着眼于高速飞行时的空气动力学，开始解决这方面的数学问题。1959年一回国，他就组织起相关科研团队，以机翼的超声速绕流问题为切入点,开展了相关的研究。

20世纪60年代初,谷超豪率先解决了空气动力学方程组的平面超声速机翼绕流问题,比美国的相应结果还早十几年。

航天领域需要数学的支撑,也是数学驰骋的天地。70年代,他的"钝头物体超声速绕流"的计算方法,在我国新型导弹的设计中发挥了重要作用。

谷超豪一生热爱数学,他把微分几何、偏微分方程和数学物理三大研究领域合称为"金三角",他自己则是一名掘"金"不止的辛勤矿工。辛勤的汗水终会浇出灿烂之花,早在50年代,他就有多篇论文在国际上引起了很大反响。

1974年,他和杨振宁合作发表了题为《规范场理论若干问题》的论文。美国学术界还请他赴美就偏微分方程和规范场问题做了学术报告,并且给予了高度评价。他比西方同行提前解决了杨−米尔斯方程中的一个重要问题,引起了国际数学物理界的关注。20世纪80年代,他又开创了波映照的研究,为探索并建立基本粒子的运动数学模型奠定了基础。这个成果又一次引发国际数学界相关研究的浪潮。

我国著名科学家、诺贝尔奖获得者杨振宁院士曾这样评价谷超豪:"站在高山上往下看,看到了全局。"

谷超豪还是一位教育家,一位引领学生们攀登科学高峰、开辟新领域的开拓者。他的老师苏步青对他培养学生所获得的累累硕果,给予了高度评价,但也说:"我培养了超过我的学生,你也要培养超过你的学生。"谷超豪认为这是老师对自己的激励。作为浙江大学、复旦大学的教授和中国科学技术大学的校长,直到培养出科学院院士6人、工程院院士3人,还有30多名博士、硕士时,他才说:"我想,在一定程度上我可以向苏先生交账了。"

谷超豪是数学家、教育家,他同时也热爱文学。在他心中,数学和文学是相通的。他说过:"在我的生活里,数学是和诗一样让我喜欢的东西。诗可以用简单而具体的语言表达非常复杂、深刻的东西,数学也是这样。"

他的诗也写得非常好。他曾为母校温州中学写过这样一首诗:"人言数无味,我道味无穷。良师多启发,珍本富精蕴。解题岂一法,寻思求百通。幸得桑梓教,终身为动容。"

1991年,他的夫人胡和生教授当选中国科学院院士,他也曾作诗一首表示祝贺:"苦读寒窗夜,挑灯黎明前。几何得真传,物理试新篇。红妆不须理,秀色天然妍。学苑有令名,共庆艳阳天。"

2012年6月24日,谷超豪院士永远地离我们而去了,他化作了天上的星星,用星光启迪我们去探索趣味无穷的数学世界,用数学为祖国服务。

（边东子）

星人物	席泽宗	星编号	85472
发现日	1997-6-9	命名日	2007-8-17
发现者	中国科学院国家天文台施密特CCD小行星项目组		

古代科技史之星——席泽宗 检视古老的星星

席泽宗(1927-6-9～2008-12-27),山西垣曲人。天文学家,天文学史学家。1951年毕业于中山大学天文系。曾在中国科学院编译局(即后来的科学出版社)工作,后任中国科学院自然科学史研究所所长,被聘为中国科学技术大学兼职教授、博士研究生导师。

星成就　　中国科学史事业的开拓者之一。参与起草了《十二年
　　　　　科技发展远景规划》中的科学史部分。筹备建设了科
　　　　　学史研究机构——中国科学院自然科学史研究所、中
　　　　　国科学技术史学会。提出了从史书中鉴别新星的七条
　　　　　标准和区别新星与超新星的两条标准。学术论著有
　　　　　《古新星新表》《科学史十论》等。

星荣誉　　1991年当选中国科学院学部委员（院士）。他还是国
　　　　　际科学史研究院院士、国际欧亚科学院院士。

星金句　　处处留心皆学问。

检视古老的星星

　　有一种很奇怪的星，它会突然出现，而且异常明亮，可是过了一段时间，它又不见了。它们就是新星或超新星。有人望文生义，以为新星、超新星是指新生的星。其实，天文学中的新星、超新星是爆发变星的一种。恒星走到了生命尽头，会发生大爆炸，这种爆炸其实就是核爆炸，这是老年恒星的"回光返照"，所以有人称其为"老年恒星辉煌的葬礼"。一般来说，亮度突然增强几千到几百万倍的是新星；亮度增强上亿倍，甚至几亿倍的是超新星。新星和超新星在爆发过后，又会忽然暗淡下去，就好像不辞而别的客人。我们的祖先就把这种匆匆而来又匆匆而去的不速

之客,称为"客星"。

因为新星和超新星对研究红巨星、白矮星、脉冲星、中子星、射线源,以及黑洞等天文现象都非常有意义,所以越来越受到天文学家的关注。但新星和超新星爆发是罕见的天象,超新星在银河系大约每隔50年才发生一次。因此要想深入研究它,就必须借助于古代天文观测资料,而这就要有渊博的天文学知识和深厚的古代文化修养。

幸好,我们的祖先积累了大量的天文观测资料;幸好,我们的国家还有席泽宗。他进行了大量深入细致的工作,从1954年起,接连发表了几篇研究中国古代新星及超新星的论文,尤其是于1955年发表的《古新星新表》,记载了从商代到清康熙三十九年(公元1700年)的90次新星和超新星爆发,这项成果很快引起了苏、美两国的重视,并被各国研究者广泛引用。《古新星新表》从此成为国际公认的研究超新星的权威资料。中国科学院副院长竺可桢将此文与《中国地震资料年表》并列为新中国成立以来我国科学史研究的两项重要成果。此后,随着射电天文学的迅速发展,《古新星新表》的重大意义日益凸显。席泽宗精益求精,在《古新星新表》的基础上又补充了朝鲜和日本的有关史料,并做了进一步修订,确认了90个新星记录,其中有12个可能属于超新星,使此表成为更加完善的古代新星和超新星爆发编年表。

在科研和生产中,标准的制定意义重大。席泽宗确立了七条鉴别新星爆发记录的根据和两条区分新星和超新星记录的标准,并讨论了超新星的爆发频率,将其形成论文并于1965年发表,在国际上产生了更大的影响。半个世纪以来,世界各国科学家在讨论超新星、射电源、脉冲星、中子星、γ射线源、X射线源等天文学研究对象时,经常引用席泽宗的这两篇论文。

通过研究中国古代文献,席泽宗发现,我们的祖先在战国时期就已经用肉眼观察到了木星的卫星"木卫三",当时还有人不大相信,用肉眼看到遥远的木卫三,这可能吗? 国内外许多科学家经过多次反复严密的试验,证实了古人的记载是可能的、可靠的,也证明了席泽宗的结论是正确的。

20世纪60年代中期,席泽宗对敦煌的星图进行了深入研究,写了《敦煌星图》一文。在文中,他指出敦煌星图记载有1359颗星且绘制方法比国外早600多年。

马王堆出土的帛书中,有约8000字的天文资料。20世纪70年代中期,席泽宗对它们进行了细致的研究,不仅发现了其中对金星会合期、土星会合期的记录较其他古代文献为早,也更精确;而且其中记录了彗星的29种形态。因此,马王堆帛书是世界上最早介绍彗星的文献。

80年代,席泽宗对敦煌卷子中的历法方面的资料做了系统研究,并且写成了《敦煌卷子中的星经和玄象诗》一文。他还对天文学思想和中国古代的宇宙理论做了深入系统的研究,他和郑文光合著的《中国历史上的宇宙理论》的意大利文版,已经在罗马出版并发行。

中国古代科技文献灿若星海,席泽宗就是一位检视"星星"的人。

（边东子）

星人物	叶叔华	星编号	3241
发现日	1978-11-28	命名日	1994-7-22
发现者	中国科学院紫金山天文台		

时间之星——叶叔华 比宇宙还大的是什么

叶叔华(1927-6-12~　　)，生于广东省广州市。天文学家。1949年毕业于中山大学。1951年进入中国科学院上海天文台工作，1981年至1993年任台长，是中国第一位天文台女台长。曾任中国科学技术协会副主席，上海市科学技术协会主席。1996年当选"亚太空间地球动力学"国际合作计划主席。

星成就   建立起高精度的中国世界时系统。从事地球自转研究，推进了相关技术在中国的应用。牵头建立了多部门联合开展的"现代地壳运动和地球动力学研究"，并任首席科学家，使相关研究在多方面达到国际先进水平。倡导将射电甚长基线技术应用于空间探测，使其在中国探月工程中发挥了重要作用。推动了上海天文台与多国研究机构的合作，并取得了可喜的成果。

星荣誉   1980年当选中国科学院学部委员（院士）。1981年、1987年两度获得国家科学技术进步奖一等奖。1982年获国家自然科学奖二等奖。1985年当选英国皇家天文学会外籍会员。

星金句   每个人把自己的工作做好都是一份很珍贵的贡献。

比宇宙还大的是什么

在每天的电视或广播节目中，一定有一个我们十分熟悉的词语出现——"北京时间"。每逢此时，全国各地的人们，都会以这个时间校准自己的计时器。精准计时不仅对我们的生活十分重要，与科研、生产和国防更是息息相关。目前，中国采用北京所在的东八区时间作为全国统一的标准时间，即"北京时间"。谈到"北京时间"就离不开一个人，她就是叶叔华。她是中国第一位天文台女台长，也是第一位在国际天文学联合会担任副主席的中国天文学家。

　　叶叔华 1927 年 6 月出生于广东省广州市,因生计和战乱所迫,她经历了颠沛流离的青少年时代,辗转于广州、香港、韶关、连县等多地才念完了小学和初中。由于成绩优异,她考上了中山大学数学天文系。

　　1951 年 11 月底叶叔华进入上海徐家汇观象台工作。在此之前,徐家汇观象台还没有过女性工作人员。进入徐家汇观象台,叶叔华的第一份工作就是观测恒星。随着国民经济的发展和为了满足科研、国防的需要,从 1958 年起,徐家汇观象台着手筹建我国自己的世界时综合系统。作为年轻人,叶叔华挑起了这副重担。她带领课题组克服了资料不足、设备不够等重重困难,经过一年多时间的反复测算和分析研究,终于找到了适用的数学模型。

　　随着观测台站和观测仪器不断增多,我国世界时综合系统也越来越完善,自 1964 年起,我国世界时测量精度便跃居世界第二位。1965 年,我国的世界时综合系统通过国家鉴定,正式作为我国的时间基准向全国发布。此后,我国的世界时精度不断提高,始终保持着国际先进水平。

　　1973 年,叶叔华大胆地提出要在我国发展甚长基线干涉测量技术。甚长基线干涉测量是一种射电天文学的测量方法,它用多个射电天文望远镜同时观测一个天体,可以模拟一个巨型射电望远镜的观测效果。但它要求各个观测天线的时间和位置都高度一致,因此难度很大。

　　在当时工业和科研底子薄弱且经费不足的情况下,叶叔华的这个提议非常大胆,不过还是得到了上海天文台领导的支持。然

而,建立这样的系统并不是一件容易的事情。当时中国天文学家
对于这项新技术还很陌生,加上国外对中国的技术封锁,引进技
术也不可能。天文学界的同行们也有持反对意见的,他们说:"这
个项目要是能建成当然是好事,可是难度实在太大,是不是有些
想入非非了? 再说,科研经费本来就不足,要是把钱都花在这个
项目上,那其他的项目不是要受影响了吗? "

面对困难,叶叔华没有退缩,她一方面坚持走自主创新的道
路,比如,这项技术要用到氢原子钟,我国无法制造,外国又不卖,
她就带领青年科研人员自行研制,终于在 1975 年取得了成功。
另一方面,她又提出了走国际合作的路线,终于在 1979 年建成了
这个系统。1980 年即开始参与和美国、日本及欧洲的合作项目,
引起了国际上的高度关注。正是由于叶叔华的不懈努力和战略
眼光,让上海天文台和中国天文界迅速赶上了 20 世纪八九十年
代的国际潮流。

在叶叔华的支持下,上海天文台大胆地将这项技术应用于探
月卫星轨道测量的预先研究中,历经艰辛,也终获成功。2007 年
10 月 24 日,中国自主研制的第一颗月球探测卫星"嫦娥一号"成
功发射,叶叔华倡导的这套系统,为"嫦娥一号"做了精确测轨。
有人说,她在 80 岁时才亲眼见到了年轻的"嫦娥"奔向月球,可是
也有人纠正了这种说法,嫦娥的传说距今已经三千多年了,因此,
是年轻的 80 岁的叶叔华目送着三千多岁的"嫦娥"奔月。

叶叔华不但管天,还管地。是她管得太宽了吗? 当然不是。
地球也是宇宙中的一员,是太阳系的一颗星球,它和其他星球是
相互影响的。因此,了解地球才能进一步了解其他星球;而了解

其他星球,也才能深入地了解地球。1991年,叶叔华联合中国科学院、国家测绘局和国家地震局等单位,主持了国家攀登项目"现代地壳运动和地球动力学研究",这一研究大大推动了中国天文地球动力学学科的发展。

1994年,叶叔华提出了亚太空间地球动力学计划。次年,4年一次的国际大地测量和地球物理联合会第二十一届大会在美国召开,叶叔华赴会提交该计划,并且争取到了多国对中国这一计划的支持。

几十年来,叶叔华对待科研工作兢兢业业、坚持不懈,在天文学这条道路上走了大半辈子。2020年5月30日,93岁的叶叔华获得了第二届全国创新争先奖。

在一档电视访谈节目上,主持人给叶叔华出了一道难题:"什么比宇宙更大?"叶叔华从容不迫地笑笑说:"比宇宙更大的是科学家的心,是孩子的心。科学家要探索宇宙,因此他们的胸怀比宇宙更大。孩子的好奇心和想象力无穷无尽,甚至大过宇宙。"全场响起一片掌声。其实,叶叔华既有科学家的胸怀,又有孩子般的好奇心和想象力,她的心才真的比宇宙更大。

(王佳雯)

星人物	张存浩		星编号	19282
发现日	1996-1-14		命名日	2016-1-4

发现者　中国科学院国家天文台施密特CCD小行星项目组

光与热之星——张存浩　驾驭光与热的人

张存浩(1928-2-23~　　),籍贯山东无棣,出生于天津。物理化学家、激光化学家。曾任中国科学院大连化学物理研究所研究员、所长,博士研究生导师,中国科学技术大学兼职教授、博士研究生导师。

星成就　中国高能化学激光奠基人、中国分子反应动力学奠基
　　　　人之一。研究水煤气催化合成液体燃料取得成果。长
　　　　期从事火箭燃料、化学激光等的研究，取得重要成果。

星荣誉　1980年当选中国科学院学部委员（院士）。1986年、
　　　　1994年获国家科学技术进步奖二等奖。1989年获国
　　　　家科学技术进步奖一等奖。1996年获国家科学技术
　　　　进步奖特等奖。1997年获国家自然科学奖一等奖。
　　　　1999年获国家科学技术进步奖二等奖。2014年获
　　　　2013年度国家最高科学技术奖。

星金句　真正优秀的科学家应该既是充满自信的，又是高度谦
　　　　逊的。

驾驭光与热的人

中国古人说："术业有专攻。"可见，在传统观念里，一个人在学业和工作中应持之以恒，不轻易改变。可是，张存浩一生中却多次改变专业。为什么会这样呢？

张存浩于1928年出生在天津，父亲张铸早年留学美国，曾经担任高级工程师。母亲龙文瑗是哈尼族人，虽然文化程度不高，却深知民族大义。抗日战争中，日寇强迫中国的学校都要教授日文，母亲不愿让儿子接受奴化教育，就将他交给在重庆当大学教授的姑父和姑母抚养。他的姑父傅鹰是著名的物理化学家，后来

成为中国科学院学部委员（院士）、北京大学副校长，傅鹰还是中国共产党的诤友。他的姑母张锦曾经在美国伊利诺伊大学获得化学博士学位，是中国最早的女博士之一。

在重庆，张存浩亲身经历了日本飞机的狂轰滥炸给重庆人民带来的灾难。他下定决心，一定要努力学习本领，再也不能让帝国主义欺凌中国和中国人民了。

1950年8月，张存浩获得美国密歇根大学化学工程学硕士学位。这时，朝鲜战争已经爆发。他一打开报纸，就见那上面充斥着颠倒黑白、污蔑中国为"侵略者"的内容。他意识到美国很快就会阻止中国留学生回国，因此，他不顾家人的反对，宁可不要博士学位也要回国。张存浩的姑父姑母虽然坚持要他在美国读完博士再回国，但他们自己却爱国心切，很快就动身回国了。姑父姑母前脚刚走，张存浩后脚就登上轮船，离开旧金山，驶向一心向往的祖国。

回国后，按惯例，张存浩首先来到北京，他可以自愿选择用人单位，用人单位也可以在这里选人。当时，北京大学、清华大学等著名高校都热情聘请他去任教，正巧一位著名化学家也来到北京招募人才，他对张存浩说："到我们大连去吧，我们欢迎你。"张存浩就来到了中国科学院大连化学物理研究所。在这里，他很快就被委以重任。那时中国被称为"贫油国家"，除了甘肃的玉门和陕西的延长有一点点石油外，几乎不产石油，而西方国家正在对中国进行石油封锁。为了打破封锁，解决能源问题，我国决定研究水煤气合成燃料，张存浩就担起了这项重任。经过长期刻苦的研究,他取得了显著的进展,每立方米的水煤气中有效成分达到200克,而当时国际上只有160克的水平,中国走在了世界的前列。1956年,这项研究获得了国家自然科学奖。

1959年,一个特大喜讯传来,大庆油田被发现了,接着是大港油田、辽河油田等相继被发现,中国贫油的帽子被一举摘掉,全国上下一片欢腾。然而,对张存浩来说,这却是一个令人欣慰的遗憾,一个让人欢乐的失落,因为"水煤气合成液体燃料"虽然还有学术价值,却再无实用价值了。辛辛苦苦育成了一棵树,并且结出了果实,却在就要庆丰收的时候,发现果实没人要了。张存浩一方面为祖国在石油方面的"脱贫"而高兴;另一方面,只能考虑转行了。

不过,是英雄总有用武之地。20世纪50年代末,"两弹一星"的研制开始起步,张存浩又有了新专业——研究火箭燃料。那时,他和同事们既没见过火箭,也没看过火箭燃料,一切必须从头摸索。研制火箭燃料有相当的危险性,加上那时战争的威胁仍如阴云般在中国的上空飘荡,为了避免危险,他们的研究只好放在偏僻的地区,工作条件和生活条件都相当艰苦。

"水火无情",火箭燃料的"脾气"非常暴躁,稍有不慎就会发作,酿成大祸。有一次,张存浩在试车台进行试验,因为发生了意外,巨大的火焰差点就把张存浩和他周围的一切吞没,幸亏一位复员军人非常专业又非常勇敢,迅速排除了故障,才避免了一场灾难。谈到这次遇险,他说:"从事火箭燃料研究是很危险的,燃料还有很大毒性,完全不出事故,除非你不干。我算是专业人员,都会出这样的事故,让别人去做,就会更危险。"

"明知山有虎,偏向虎山行。""明知火箭脾气暴,也把火箭来拥抱。"张存浩和他的团队就是用这种精神攻克了火箭燃料研制的一道道难关,取得了重要成果,并获得国家自然科学奖。

就在张存浩对火箭燃料研究驾轻就熟之时,他又开始第三次转行。这是为什么呢?原来,1960年,世界上第一台激光器在美国诞生了,目光远大的张存浩立刻就意识到,激光前途无量。于是他立即把研究方向转向了激光。这一年他45岁。激光研究是个极具前途又充满挑战的领域。"一万年太久,只争朝夕。"在这个领域,各国竞争得非常激烈,为了走在世界的前列,他天天都催促大家抓紧抓紧再抓紧,天天都检查工作的进展,以至于得了一个"张着急"的绰号。功夫不负有心人,半年内,他和他的团队就将激光的功率从0.3瓦提高到了100瓦,虽然还不够高,但是希望的曙光已经出现,大家信心倍增。经过艰苦的奋斗,张存浩的团队研制出了我国第一台氟化氢氘化学激光器,整体性能达到了世界先进水平。而且后来他发现,中国采取的技术路线与国外不同,完全是"标新立异"。他从中悟出一个很深刻的道理:"有时我们要走与外国人不同的技术路线,并不是我们想要标新立异,而是因为外国人在关键技术的应用研究上常常是把走不通的路线发表了,而把走通了的路线严格封锁起来。所以在确定研究路线时,一定要解放思想,保持清醒的头脑。"可见,如果不重视原始创新,只靠国外的资料和文献,不可能占领高科技的制高点。

到此时,张存浩完成了三次改行、三次转型。按说他应该"消停"了,但在这个充满竞争的领域里,他不但没驻足,反而以击水中流的气魄又开始了新的拼搏。1979年,他提出,要发展波长更短的氧碘化学激光,这是国际上最尖端的课题,一些科技发达的国家都久攻不克,可见难度之大。

1986年,国家启动"863高科技计划"。当张存浩发现化学激光没有列入计划之内时,他坐不住了。他向有关负责人反复陈述化学激光的重要性。

原来,有各种各样的办法产生激光,用化学能产生激光是非常有前途的,尤其是在军事方面。化学激光器不需要强大的外部能源,如发电机等,它的输出功率大,甚至可以击毁军舰、飞机、导弹、航天器。美国就将这类激光武器装在军舰和飞机上进行过试验,甚至还设想用在卫星、宇宙飞船和航天飞机上作为"星球大战"的武器,其他各军事强国也都在积极发展激光武器。如果中国不在这方面占领高地,就有可能一步赶不上,步步赶不上。

张存浩还向有关领导担保,他只要用其他项目十分之一的经费就能研制出功率强大的激光器。最终,张存浩兑现了他的承诺,带领团队在1985年研制出第一台脉冲氧碘化学激光器,无论是功率还是性能,都处于国际领先地位。

1992年,张存浩领导他的团队又研制出了我国第一台连续波氧碘化学激光器,它比脉冲式激光器更好,性能更优越。它的整体性能也是世界一流的。

当张存浩的成就获得了党和国家的肯定,并被授予国家最高科学技术奖的荣誉时,他却说:"我认为这个奖,不该颁给我,而是应该给予我们的集体,没有他们,我是什么都做不了的。"

(边东子)

星人物	孙家栋		星编号	148081
发现日	1999-1-11		命名日	2012-6-4
发现者	中国科学院国家天文台施密特CCD小行星项目组			

飞天之星——孙家栋 　一肩担星，一肩担月

孙家栋（1929-4-8～　 ），中国共产党党员。辽宁瓦房店人。苏联茹科夫斯基航空学院毕业。原航空航天工业部副部长。中国航天科技集团有限公司高级技术顾问，"风云二号"卫星工程总设计师，"北斗二号"卫星工程和中国第二代卫星导航系统重大专项高级顾问。

星成就　参与我国第一枚地对地导弹"东风一号"及后续型号"东风二号""东风三号"等的研制。主持我国第一颗人造卫星"东方红一号",以及通信卫星、返回式卫星的研制和发射工作。主持研制了"风云二号"卫星,"北斗"第一代、第二代卫星导航系统。我国月球探测工程的主要倡导者之一,主持了月球探测一期工程。60年中,共主持研制了45颗卫星。

星荣誉　1985年获两项国家科学技术进步奖特等奖。1992年当选中国科学院学部委员(院士)。1999年获"两弹一星"功勋奖章。2010年获2009年度国家最高科学技术奖。2018年获改革先锋奖章。2019年获共和国勋章。

星金句　航天是我的兴趣,一辈子也不会累。

一肩担星,一肩担月

想知道中国航天人如何像红军万里长征一般,一路坎坷,一路辉煌吗?那孙家栋就是见证,因为他是中国航天事业的亲历者和引领者。

中国的第一枚导弹、第一颗卫星、第一艘宇宙飞船的研制成功,都有孙家栋的功劳。从事航天工作60年来,他主持研制的卫星就达到了45颗之多。

在世纪之交,他除了担负着领导"北斗"导航卫星一期、二期的组网发射任务,同时还担负着领导"嫦娥"探月一期工程的重

任。两副重担都要挑，真可谓一肩担星，一肩担月。

公元1929年，这一年的中国战乱不断。4月8日，孙家栋诞生在暂时还处于安宁中的盖县。他的父亲是一位师范学校的老师，母亲专注于操持家务，孙家栋在家中排行第六。后来，孙家栋的父母因为不满日伪的反动统治和奴化教育，几经辗转，迁居到海城。孙家栋也多次转校，直到东北解放后，生活才安定下来。孙家栋于1948年9月考入哈尔滨工业大学预科班，那时，他想为祖国造大桥。1950年元宵节，他本想去和姐姐团聚，可是听说学校食堂有红烧肉吃，就留在了学校，因为那时能吃上一顿红烧肉可太不容易了。不料，当他正在食堂大嚼红烧肉时，学校领导突然来宣布："空军来招生了！"机会难得，孙家栋毫不犹豫地报了名，没想到从此就走上了航天之路。

不久，孙家栋被选送到苏联茹科夫斯基航空学院学习。1957年11月11日，他和其他中国留学生一起，见到了在苏联访问的毛主席。毛主席对他们说："世界是你们的，也是我们的，但是归根结底是你们的。你们青年人朝气蓬勃，正在兴旺时期，好像早晨八九点钟的太阳。希望寄托在你们身上。"毛主席的话，给了孙家栋巨大的鼓舞。

中国航天的路从来就不平坦，迎难而上，逆势而行，打破坚冰，冲破禁锢，是航天人的"常态"。孙家栋刚走上工作岗位，就参与了我国第一枚地对地导弹"东风一号"的研制。它虽然是苏联P2型导弹的仿制品，但是由于中国的工业基础太差，研制过程困难重重，偏偏这时苏联专家又撤走了。凭着"自力更生、奋发图强"的精神，中国航天人还是将"东风一号"送上了蓝天。接着，在老一辈航天科学家的带领下,孙家栋和同事们又自行研制出"东风二号"导弹。1967年,孙家栋已经成了我国第一颗人造卫星"东方红一号"的技术负责人。他带领科研人员,再次克服重重困难,终于在1970年4月24日把"东方红一号"送上了太空。

此后,孙家栋又带领科研人员完成了第一颗通信卫星、第一颗气象卫星、第一颗返回式卫星的发射,迎来了一个又一个胜利。

世纪之交,导航卫星成了世界的热点。美国有了"全球定位系统(GPS)",俄罗斯有了"格罗纳斯",欧洲有了"伽利略",中国要不要发展自己的导航卫星,对此有过激烈的争论。有人认为,有外国的导航卫星可以租用,就不必自己研制了。但是孙家栋和一批有远见的科学家却坚持认为,中国必须有自己的卫星导航系统,因为国际形势是会变化的,其他国家一旦关闭了导航卫星的信号,那时我们的轮船找不到港口,飞机找不到机场,汽车找不到道路,导弹找不到目标,怎么办?

然而,研发卫星导航系统非常不容易,要花费巨资,要投入大量的人力物力。这时,"两弹一星"元勋陈芳允院士提出了一个富有创新性又简单省钱的"北斗导航卫星方案",用两颗卫星就可以覆盖我国和周边部分地区,又能够进一步扩大组网。于是,孙家栋力推"北斗"卫星系统上马,并为此竭尽全力,终于使这个关系国计民生和国防安全的项目得以立项。

然而,在研制过程中,我国又遭到了西方国家的打压,事情是这样的:导航卫星上需要原子钟,当时中国还无法自行生产,一度想从国外购买,但那些西方国家不是不卖,就是提出种种苛刻的条件。最后总算在欧洲某国找到了一个厂家,本来一切都谈得好好的,不料到最后,对方突然变卦了,要把卫星的导航精度降到"伽利略"系统之下,以保证欧洲"伽利略"的"先进性"。怎么办?自己干!中国人民从来不怕压,不惧卡,不信邪!在孙家栋的支持下,一群年轻人经过一番拼搏,终于攻下了道道难关,研制出了中国自己的原子钟,精度达到了1纳秒(十亿分之一秒)。

终于,"北斗"卫星发射成功,中国有了自己的卫星导航系统。如今,由30颗卫星组成的"北斗三号导航系统"已经成为全球性的卫星导航系统。

"嫦娥奔月"的传说,体现了中华民族飞向月球的梦想。这个梦是由孙家栋和他的团队开始逐步实现的,在他的引领下,作为中国探月工程"绕、落、回"三步走的第一步,"嫦娥一号"于2007年11月5日开始绕月飞行,当《中华人民共和国国歌》《东方红》《爱我中华》《二泉映月》等乐曲传来时,孙家栋和全国人民一样,心中洋溢起无比的自豪。

直到90岁,孙家栋仍不服老,虽然他现在行动不大方便,也不能像以前那样冲在第一线,但他仍然心系航天事业,他还笑称:"我也是'90后'。"

当我们享受着"北斗"导航卫星带来的便捷,沉浸在"嫦娥五号"胜利返回地球的喜悦中,为一个又一个祖国航天工程的新成就欢欣鼓舞时,千万不要忘记,正是有孙家栋这样的科学家不懈奋斗,才能使中华民族的航天事业像火箭一般飞速前进。

(边东子)

星人物	周光召	星编号	3462
发现日	1981-10-25	命名日	1996-3-30
发现者	中国科学院紫金山天文台		

神算之星——周光召 九次计算的决胜者

周光召（1929-5-15～　），中国共产党党员。湖南长沙人。理论物理学家。1951年清华大学毕业，1954年获北京大学硕士学位后留校任教。曾任二机部第九研究所理论部副主任，中国科学院院长，中国科学技术协会主席等职。曾任中共第十二届中央候补委员，第十三届、第十四届、第十五届中央委员，第九届全国人大常委会副委员长。

星成就　在国际上首先提出粒子的螺旋态振幅,并建立了相应的数学方法。世界公认的赝矢量流部分守恒定理的奠基人之一。在中国第一颗原子弹和氢弹的理论设计中做出重大贡献。

星荣誉　1964年、1982年两度获得国家自然科学奖一等奖。1980年当选中国科学院学部委员(院士)。1985年获两项国家科学技术进步奖特等奖。1987年获中国科学院重大科技成果奖一等奖。1989年、2000年两度获得国家自然科学奖二等奖。1999年获"两弹一星"功勋奖章。他还当选为美国科学院、第三世界科学院、俄罗斯科学院、保加利亚科学院、欧洲科学院外籍院士。

星金句　一个人对自己祖国所做出的牺牲和贡献,国家和人民是不会忘记的。

九次计算的决胜者

　　中国第一颗原子弹能够爆炸成功,周光召功不可没。湖南宁乡县檀树湾乡(今双江口镇)是周光召的故乡,父亲周凤九是湖南大学教授,我国著名的公路工程专家。在风光宜人的家乡和良好的家教中,周光召度过了自己的孩童时代。

　　1942年,13岁的周光召考入在抗战中迁到了重庆的南开中学。那时的他就特别喜爱数学,而且他往往能用与课本上不同的方法解出数学难题。

1946年秋天,他考取了清华大学先修班。在选择专业时,他选的是物理系,因为好友对他说:"学物理吧,我们国家需要这样的人才。"

大学毕业后,他进入北京大学研究院,师从著名理论物理学家彭桓武教授。这时,已经是中华人民共和国成立的第二年了。20世纪50年代,为了发展原子能科学,正在北京大学当讲师的周光召被选派到莫斯科杜布纳联合原子核研究所从事研究工作。

周光召的较真是有名的。当时在杜布纳研究所工作的是十二个社会主义国家的科技精英。有一次,大家聚集在一起讨论学术问题,一位外国教授报告了自己的一项研究结果,周光召提出了不同意见,竟惹得那位教授大发雷霆。虽然顾全大局的周光召当时没有辩驳,但是过后,他花了三个月的时间写了一篇论文,发表在国际著名的学术刊物《理论和实验物理》上。随后,美国科学家也得出了相似的研究结果,从而证实了周光召的意见是正确的。

在莫斯科的三年时间里,还不到三十岁的周光召,就提出了好几项新的理论和新的方法,并两度获得杜布纳研究所的奖金,他的名字也在国际上引起了关注。杨振宁说,当时他就看过周光召的论文。

1959年,苏联撕毁协议,撤回专家,停止了对中国核武器和其他国防尖端技术的援助。毛泽东主席告诫大家:"要下决心搞尖端技术,赫鲁晓夫不给我们尖端技术,极好!如果给了,这个账是很难还的。"遵照毛主席的指示,中共中央决定:依靠自己的力量,继续攻关,一定要造出原子弹来。

　　得知这一消息后,周光召和杜布纳研究所的中国科学家联名请缨,要求回国"参战",用自己的知识和智慧为中国造自己的原子弹。他在表示自己决心的信中写道:"作为新中国培养的一代科学家,我愿意放弃自己搞了多年的基础理论研究工作,改行从事国家急需的工作,随时听从祖国的召唤。"

　　1962年,他如愿以偿,进入了负责研制核武器的二机部九所(后改为"二机部九院")。这时,我国第一颗原子弹的理论研究遇到了一个重大障碍:有一个非常重要的数据,是苏联顾问提出的数学模型中的力学数据,与我国科学家计算出的数据不一致。在核武器研制上,苏联走在前面,当然称得上是老师,我们只是学生。难道是老师错了? 这简直颠覆人们的认知。于是九所组织精兵强将,从不同角度,以不同方法,反复进行计算,一次、二次、三次……直至九次。

　　多次重复得出的数据,都表明中国科学家的计算似乎没有出错,但又缺乏有说服力的论证,这就引发了激烈的讨论,但是越讨论越迷茫——苏联专家真的错了吗? 又怎么能证明是他们错了呢? 这时,已经回国担任九所理论部第一副主任的周光召,仔细检查分析了九次计算的全过程和结果,认为计算过程是合理的,结果没有问题。为了验证九次计算的正确性,周光召废寝忘食、夜以继日地带病坚持工作,经过连续多日深入仔细的研究,他终于抓住了问题的实质。他应用变分法,以物理学的基本定律"最大功原理",反证了苏联顾问提出的数据有误,令人信服地否定了该数据,从而结束了原子弹理论研究中近一年的争论,为原子弹的研制成功做出了突出贡献。

周光召是个重情重义的人,他对核武器研究所有着很深的感情。一次,他出国访问载誉归来,特地回到所里探访老同事、老朋友。半天时间里,他在各办公室逐一进行走访。当他发现有一位共事多年的老同事没有出现时,立即到处寻找,直到得知这位老同事不在北京时,他才作罢。后来,那位老同事知道这件事后,禁不住连声感叹。

周光召不仅是一位杰出的理论物理学家,更是一位战略科学家。他在担任中国科学院院长后,为中国科技的发展做出了许多高瞻远瞩的决策。在新中国的科技发展史上,他留下了浓墨重彩的一笔。

周光召不仅是"两弹一星"功勋奖章获得者、中国科学院院士,还被美国等多个国家聘为外籍院士。这一切,在普通人的眼中,是非常光荣的事,周光召却说:"我认为这不仅是我个人的荣誉,也是中国科学家的荣誉,这表明中国科学家在最近这些年所做出的努力已经开始在国际上得到了承认。"

他还将珍贵的"两弹一星"功勋奖章捐赠给了故乡湖南宁乡一中。他最大的希望就是让他们那一代科学家为国家无私奉献的精神能够一代一代传承不息。

（张建民）

星人物	金怡濂	星编号	100434
发现日	1996-6-6	命名日	2010-5-4

发现者 中国科学院国家天文台施密特CCD小行星项目组

超算之星——金怡濂 让中国超算实现超速

金怡濂(1929-9-5~)，中国共产党党员。原籍江苏常州，生于天津市。中国高性能计算机领域著名专家。1951年毕业于清华大学电机系。曾任国家并行计算机工程技术研究中心主任，"神威"超级计算机总设计师。

星成就　中国计算机事业的开拓者之一。主持完成了中国多台大型计算机、巨型计算机的研制工作。系统地、创造性地提出了巨型机体系结构、设计思想和实现方案，为中国计算机事业，特别是巨型计算机的跨越式发展做出了重大贡献。

星荣誉　1994年当选中国工程院院士。2003年获2002年度国家最高科学技术奖。2012年获中国计算机学会"终身成就奖"。还曾获国家科学技术进步奖特等奖二次、一等奖一次。

星金句　一个有责任感的人才一般都是废寝忘食、冥思苦想，最后才能触类旁通，产生灵感。

让中国超算实现超速

巨型计算机，又叫"超级计算机"，简称"超算"。它是指在一定的时期内性能最强、运算速度最快的大型通用电子计算机。由于电子计算机神通广大，科技发达的国家都倾全力研制。然而在1958年之前，中国连一台电子计算机都没有，要成为世界计算机领域里的冠军，在那时只是梦想。

金怡濂的父亲是电话局的总工程师。少年时的金怡濂曾经在电话局看到电话交换机能自动工作，还发出动听的响声，觉得很神奇，加上父亲经常讲詹天佑、茅以升等人的故事，他心中萌生了长大要当工程师的理想。

1935年,金怡濂进入天津耀华学校学习。校长赵君达是一位爱国敬业的教育家,然而1938年6月,赵校长竟被日本特务暗杀了。这件事激起了金怡濂和同学们极大的愤怒,坚定了他们要用所学知识让祖国强大起来的决心。

1949年新中国成立了,金怡濂这时正在清华大学电机系学习。因为成绩好、品德好,他被派往苏联学习电子计算机技术。为了学习,他在苏联很少参加娱乐活动,甚至连当时最流行的歌曲《莫斯科郊外的晚上》都没有听过。1958年一回国,他就参加了中国第一台大型电子管通用电子计算机的研制。我国第一颗原子弹和"歼8"战斗机的研制都有这台代号"104机"的功劳。不久,他服从国家安排,带着全家到条件艰苦的西南大山中,继续研制电子计算机,并且为开发并行机做出了重大贡献。所谓并行机是相对串行机而言的,串行机好比是城市中小街窄巷中的"单行线",因为道路宽度有限,车速不可能快;并行机就如双向4车道、6车道的高速公路,车流速度当然快得多。20世纪70年代,在研制并行机时,他又提出了"双处理机体制",这种系统就像一架有两台发动机的飞机,可以"飞"得更快、更高,而且即使有一台出现了故障,也能保证系统的安全。当然,这样做也要解决许多技术难题。这台名为"905乙机"的计算机达到了每秒350万次的运算速度。1978年在全国科学大会上,金怡濂代表"905乙机"全体研制人员领回了三张奖状。

经过一次又一次攻关,一番又一番拼搏,金怡濂又带领他的团队于1986年5月研制成功"905工程亿次机",它每秒可以完成1亿次运算。更重要的是,这台机器上85%的元器件都是国产的,人们称它是"真正的中国血统"。因为它的研制成功,金怡濂和他的团队获得了国家科学技术进步奖特等奖。

虽然有耀眼的成功,但金怡濂看到的却是差距。因为这时世界上最快的电子计算机的运算速度已经达到了每秒200亿次。于是,他又带领自己的团队在1991年研制出了10亿次机。

别以为金怡濂聪明得赛过电子计算机,他也干过一回"傻事"。1992年,在讨论未来的"神威"巨型计算机方案时,本已经将目标定为每秒500亿次,在大多数人看来,这已经是能够达到的最高速度了。可这时,有人却提出能不能提升到每秒运算1000亿次,真正显示出"神威"的神威?

这个提议引起了激烈的争论,金怡濂坚决支持搞千亿次机,结果竟沦为了"绝对少数派"。为了赶上世界先进水平,他不仅不怕被孤立、被冷落,反而给大家讲了凤凰涅槃的故事:如果凤凰不鼓起勇气,经历投身烈火的痛苦,怎么能再生? 如果我们不迈出这一步,就会永远被甩在后面。结果,他赢了! 可让金怡濂想不到的是,他本已经退居二线,上级却指定由他挂帅,而他也挺身而出,挑起了千亿次机总设计师的重担。为此,夫人心疼地嗔怪他"傻"。1996年9月,"神威"诞生,它的运算速度达到了每秒3120亿次。

然而,金怡濂还不满足,他更想赢得世界冠军。这是因为他的内心深处藏着一缕抹不去的痛,那还是20世纪80年代,我国花巨资买了一台大型计算机,但出口国附带了苛刻的条件——必须在他们的监督下使用。中国要用这台机器做什么,必须经过他们的批准。中国人不能接触核心部件,就连开机关机,也必须由他们派来的人员操作。连机房的控制室挂的都是"中方人员不得入内"的警示牌。金怡濂深刻意识到,真正的高科技是花钱买不到的,要买,也只能买来耻辱！为了祖国的发展,为了主权和荣誉,我们必须站上世界科技最高峰！

2001年,经过艰苦努力,金怡濂领导设计的巨型计算机"神威Ⅱ"终于问世,运行速度达到每秒13.1万亿次,超过了当时世界上性能最强的计算机。金怡濂赢了,中国赢了！

在此后一轮又一轮的大比拼中,中国其他科学家团队研制的"银河""曙光""天河""天河二号"等超级计算机也在国际上闪亮登台,拿过冠军。但美中不足的是,当时的超级计算机,大量使用处理器(CPU)做数据处理,我国那时使用的是美国英特尔公司的处理器。2015年,美国突然宣布不准再向中国出口高性能处理器,对中国进行了技术封锁。可是他们没想到,在国家的支持下,我们研制出了自己的处理器——申威。金怡濂就是"申威"开发的坚定支持者。2011年10月27日,"神威·蓝光"高性能计算机诞生。金怡濂虽然不是这台千亿次机的总设计师,但设计团队都称他是"指导者、支撑者、精神上的鼓舞者"。

2015年12月31日,中国最强的超级计算机"神威·太湖之光"诞生。它使用了40960颗"申威26010"处理器,每分钟的运算能力,相当于全球72亿人同时用计算器不间断地计算32年。"神威·太湖之光"三次夺取世界500强超级计算机的冠军！

金怡濂为国家培养了上百名优秀科技人才,有的已成了院士。有金怡濂这样的导师和榜样,中国后继有人,他们会让世界见识中国超算的超速发展。

(边东子)

星人物	袁隆平	星编号	8117
发现日	1999-9-18	命名日	1999-12-6

发现者　中国科学院国家天文台施密特CCD小行星项目组

杂交水稻之星——袁隆平　他的水稻梦

袁隆平（1930-9-7～2021-5-22），江西九江德安人。中国杂交水稻育种专家，被媒体誉为"世界杂交水稻之父"。1953年毕业于西南农学院（今西南大学）。曾任国家杂交水稻工程技术研究中心和湖南杂交水稻研究中心主任，湖南省政协副主席。第六届至第十二届全国政协常委。

星成就   杂交水稻研究领域的开创者和带头人。"三系法"籼型
        杂交水稻的创始者,并成功研究出"两系法"杂交水
        稻。创建了超级杂交水稻技术体系,培育出了耐盐碱
        的海水稻。

星荣誉   1995年当选中国工程院院士。2001年获2000年度国
        家最高科学技术奖。2004年获得沃尔夫农业奖。
        2013年获第四届中国消除贫困奖终身成就奖。2014
        年获国家科学技术进步奖特等奖。2018年获"未来科
        学大奖"生命科学奖,同年还获"改革先锋"称号。

星金句   人就像种子,要做一粒好种子。

他的水稻梦

　　袁隆平有许多神奇的水稻梦,他不仅想让水稻丰产丰收,能在海水中生长,还想让它们长得又高又大,甚至能让人们在下面乘凉,他还想把杂交稻种遍全世界。他的梦想能实现吗?

　　袁隆平从小就对农业感兴趣,青年时代更有志学农,因此报考了农学院。他的志向是提高稻谷的产量,让天下人都不再挨饿。

　　1960年的一天,已经是湖南黔阳农校教师的他,在学校的试验田里发现了一株奇特的水稻:它身高体壮,穗大粒多,在稻田里如鹤立鸡群一般。数一数,竟有10多个长度超过26厘米的穗,每个穗上都有230多颗稻粒。他如获至宝,小心地照料着这株"独

苗苗",期望它的后代能像它一样出众。不想,到了第二年,独苗苗后代的表现太让人失望了,它们非常平庸,没有继承长辈的任何优点,真是"虎父犬子"。

这本是一件让人沮丧的事,袁隆平却从中看到了希望。他想,那独苗苗一定是一株天然杂交水稻,因为只有杂交品种才会出现第二代严重退化的现象。既然大自然能够创造出杂交水稻,人类是否也能培育出杂交水稻呢?要知道,农作物杂交品种往往有很多优点,比如高产丰收、耐旱耐涝、抗病抗倒伏等,这就叫"杂交优势"。但是,人工培养杂交水稻是一个世界性难题。资金雄厚、技术先进的日本、美国和著名的菲律宾国际水稻研究所都试验过,但都失败了。因此,国际上流行一种观点,杂交水稻没有优势。国内有的"权威人士"也跟着国外的"权威"跑,一口咬定杂交水稻没有优势,而袁隆平发现的这株独苗苗证明,杂交水稻是有优势的。袁隆平下定决心,要培育出杂交水稻。

培育杂交水稻,难就难在水稻是雌雄同花作物,也就是说,它的每一朵花上都有雌蕊和雄蕊,如果不去掉雄蕊,也就是不把"父亲"搬走,水稻花就会自花授粉,这叫作"自交",这种水稻当然就不是杂交水稻了。如果农民在大田生产中用人工一朵花一朵花地去除雄蕊,再为雌蕊人工授粉,效率会极低,成本会极高,根本没有可操作性。因此,唯一的出路就是培育出雄蕊没有花粉的水稻,也叫"雄性不育系"。这就必须找到天然的水稻雄蕊不育株。为此,他走进了茫茫稻田,犹如大海捞针一般开始了苦苦的寻觅。

1964年6月17日,骄阳似火的一天,袁隆平在稻田里寻找那株不知躲在哪里的雄蕊不育稻已经整整14天了。到了中午,袁隆平一边听着稻田里的虫子和自己的肚子的叫声,一边还在苦苦寻找。突然,他一阵晕眩,可能是中暑了,也可能是饿过头了,他只好坐到稻田边的大树下休息一下。突然,他眼前一亮,一株与众不同的水稻正端立在他眼前。他急忙上前仔细观察,果然就是他梦寐以求的雄蕊不育稻株,这看似"得来全不费功夫"的宝贝,却让他经历了多少次的"踏破铁鞋无觅处"啊!

找到了这株宝贝,只是找到了杂交稻的"母亲",为了繁育出优良的杂交稻,还得找到"父亲",也就是"恢复系"。有了恢复系才能给雌蕊授粉,结出稻粒。可是有了恢复系还不行,杂交种不能繁育子孙。为了让雄性不育的特性能保持下去,继续当好"母亲",还要培育出"保持系"。用雄性不育系和保持系杂交出的后代,还是雄性不育系。因此,这种方法又叫"三系杂交法"。此后,袁隆平用了6年时间,找出了6个雄性不育系,用它们和1000多个品种进行了3000多个杂交组合试验,谁知道它们竟然一代不如一代,产量一代更比一代低。这是怎么回事?袁隆平想到,根据遗传学理论,亲缘关系越远的物种,杂交优势越明显。现有的栽培水稻,都是经过人工选育驯化的品种,而且已经过多代繁衍,亲缘关系比较近,因此杂交优势不明显。而野生稻和人工栽培稻是远亲,用野生稻做试验可能就比较理想。因此,他又开始苦苦寻觅雄性不育的野生稻。

1976年秋天,袁隆平的助手李必湖终于在海南发现了雄花败育的野生稻。袁隆平高兴得连话都说不出来了,他像呵护新生儿一样,小心翼翼地培育着这个宝贝。终于,他们得到了几粒珍稀的种子。

用野生雄性不育稻培育的第一批杂交种出来了,虽然只有20千克,却是零的突破。这些种子试种后,获得了高产。接着,他们又克服了重重困难,繁育这些珍贵的种子,并且开始在全国推广。

从1976年到1988年,袁隆平在全国推广种植了12.56亿亩(1亩≈667平方米)杂交稻,累计增产1000亿千克,社会效益和经济效益双"爆表"。杂交水稻成功了,可是袁隆平又在追逐新的梦了,这就是"杂交水稻覆盖全球梦"。现在,袁隆平的杂交水稻已经在亚洲、非洲、南美洲喜报频传。

袁隆平还有一个梦,他想种出能在盐碱地里生长的海水稻。盐碱地在我国约有15亿亩,它们往往被认定是难产、低产,甚至根本不能产农作物的土地。如果能让它们生长出高产优质的水稻,意义是非凡的。经过艰苦努力,终于再传佳音,2020年,袁隆平的团队和江苏省农业技术推广总站合作试验种植的耐盐水稻"超优千号"经试种,平均亩产达到了802.9千克。海水稻"身材"高大,一般高1.8米到2.3米,袁隆平在水稻下面乘凉的梦也实现了。

2021年5月22日,辛苦操劳了一生的袁隆平不幸辞世,举国哀悼,全民悲泣。党和国家领导人致电表示哀悼,他的学生和同事仰望星空,发出誓言:"您去往了星辰,化作那颗编号8117的'袁隆平星',我们将继承您的遗志,完成您未竟的事业!"

是的,他虽然飞向了远方,却留下了这样的金句:"人就像种子,要做一粒好种子。"让我们每个人都做一粒良种吧,根要扎得深,花要开得盛,果要结得实。这才是对他最好的纪念。

(边东子)

星档案

星人物 屠呦呦	星编号 31230
发现日 1998-1-18	命名日 2015-12-25
发现者 中国科学院国家天文台兴隆观测站	

抗疟之星——屠呦呦 化青蒿为灵药

屠呦呦（1930-12-30~   ），中国共产党党员。浙江宁波人。药学家。诺贝尔生理学或医学奖获得者。共和国勋章获得者。1951年考入北京医学院（今北京大学医学院）药学系，1955年毕业。现为中国中医科学院首席科学家、终身研究员兼首席研究员，青蒿素研究开发中心主任，博士生导师。

星成就	研制出青蒿素。
星荣誉	2011年获美国拉斯克奖。2015年获诺贝尔生理学或医学奖。2017年获2016年度国家最高科学技术奖。2018年获"改革先锋"称号,同年获共和国勋章。
星金句	通过抗疟药青蒿素的研究经历,深感中西医药各有所长,二者有机结合,优势互补,当具有更大的开发潜力和良好的发展前景。

化青蒿为灵药

热起来热得蒸笼里坐,

冷起来冷得冰凌上卧。

抖起来抖得牙关错,

痛起来痛得天灵破。

这个民谣描述的是疟疾患者的痛苦状态,患者会出现高热、发冷、发抖、疼痛等病症,而且死亡率很高。可见,疟疾是危害人类健康的严重疾病。

根据世界卫生组织公布的数据,全球约有33亿人受到这种恶性疾病的威胁,几乎占世界人口的一半。每年大约有2.5亿人患病,有近100万人死亡。

人类在和这种疾病的长期斗争中,积累了一些宝贵的经验,找到了一些治疗这种疾病的有效药物,比如奎宁和氯喹等。但是到了20世纪60年代,一些地区的疟原虫产生了抗药性,这些药物

的治疗效果大不如前。偏偏在这个时候,由于美国武装干涉越南,爆发了越南战争。越南地处东南亚丛林地区,因此,在丛林中作战的双方部队都受到了这种疾病的威胁。美国政府承认,美军因疟疾减员的数量甚至大于在战斗中减员的数量;而越南方面也是病员远远多于伤员。为此,科技发达的美国投入了大量财力人力,筛选出20多万种药物组合,进行了各种可能的试验,却无果而终。

与此同时,越南方面则由胡志明主席亲自出面,向毛泽东主席求助。毛主席答应了越南方面的请求,并且说:"解决你们的问题,也是解决我们的问题。"因为当时中国南方疟疾患者人数也呈上升趋势。为了援助越南人民的抗美斗争,也为了消除这种疾病对我国人民的危害,中国启动了代号为"523"的大规模研制抗疟特效药的项目。来自全国地方和部队的60多个科研、医疗单位共500多名精兵强将加入其中。

1969年,屠呦呦担任中药治疟的课题组组长。因为她不仅受过完整严格的现代医学教育,而且从1959年到1962年,还系统地学习了中医药知识。为了加深对中医药的理解,她曾深入中药生产第一线,向老药工学习,掌握了中药材的鉴别和炮制知识,并且与他人一起编著了《中药炮炙经验集成》一书。她还参加过重要的科研项目,对中药半边莲和银柴胡有着深入的研究。因此,课题组组长的重任自然就压在了她的肩上。

毛主席说过:"中国医药学是一个伟大的宝库,应当努力发掘,加以提高。"屠呦呦决定从这伟大的宝库中寻找灵感。说是"课题组",可起家的时候,只有她一个"光杆司令"单打独斗,而中医药方面的书籍、方剂、验方、资料浩如烟海。屠呦呦以"书山有路勤为径"的精神,从那些尘封的、泛黄的、放在架上久不被人翻阅的故纸堆中"寻宝"。她先后收集了2000余方药,编写了收有640种药物的《抗疟单验方集》,其中就有青蒿。屠呦呦和她的课题组对这部验方集中的200多种经验方进行了试验和研究,这其中甚至还包括了胡椒、辣椒等,但结果都不理想,仅仅到1971年9月,就失败了100多次。

面对失败的重重迷雾,屠呦呦决定"重新埋下头去,看医书"。果然,在细品东晋葛洪所著的《肘后备急方》时,她受到了启发。她对书中记载的"青蒿一握,以水二升渍,绞取汁,尽服之"这十五个字反复思考，一再推敲。她突然意识到，"渍"就是"泡""浸"的意思，而不是像平常服中草药那样用沸水煎。那是不是煎药时的高温会影响药效呢？于是，她按照这个思路，降低提取温度，重新试验。她还设计了多个试验方案，如茎秆和叶子分开提取，用水、醇、乙醚等多种溶剂提取，等等。当时试验条件很差，因为通风条件不好，她们甚至出现了中毒的症状。但她们不畏缩，不放弃，经过试验、失败、再试验的反复而又漫长的过程，终于在经历了190次失败后，在1971年10月4日进行的第191次试验中，证明了使用乙醚提取的青蒿提取物对疟原虫的抑制率达到了百分之百，这是通向成功的关键一步。紧接着，屠呦呦又继续深入研究，不断改进。为了尽早完成试验，解救患者，她甚至带领自己团队的三位勇士甘当"小白鼠"，亲身试药。这是带有很大风险的试验，万一因药效不佳或试验的设计不当而染上了疟疾，不仅要忍受病痛的折磨，甚至会有性命之危。

经过艰苦努力，屠呦呦终于带领她的团队于1972年从青蒿中提取到了一种结晶体，并于11月8日完成了最终的试验，证明了这些白色结晶体就是抗击疟疾的有效成分，屠呦呦将它命名为"青蒿素"。因此，1972年11月8日就正式成了青蒿素的诞生日。

在长期的实践中，青蒿素被证明具有"高效、速效、低毒"的优点，对各型疟疾，特别是抗性疟有特效。因为成本低，便于推广使用，青蒿素挽救了无数人的生命。

因为青蒿素的发现，屠呦呦获得了一系列荣誉，其中2015年的诺贝尔生理学或医学奖，使她成为第一位获得诺贝尔奖的中国本土科学家。2018年,习近平主席亲自授予她共和国勋章。虽然她获得了崇高的荣誉,但是她说:"荣誉不仅仅属于我个人,也属于我们中国科学家群体。"

现在,屠呦呦和她的团队正向新的目标前进。

(边东子)

星人物	李振声		星编号	90825
发现日	1996-9-28		命名日	2010-9-23
发现者	中国科学院国家天文台施密特CCD小行星项目组			

丰收之星——李振声 小麦丰收的功臣

李振声（1931-2-25～　　），中国共产党党员。山东淄博人。遗传学家、农业发展战略专家、中国小麦远缘杂交育种奠基人。1951年山东农学院（今山东农业大学）毕业，历任中国科学院西北植物研究所室主任、所长，中国科学院西安分院院长，陕西省科学院院长，中国科学院副院长，中国科学院遗传研究所所长，中国科学技术协会副主席等职。

星成就　用小麦和偃麦草进行远缘杂交,育成了一系列高产、抗病、优质小麦品种。建立了小麦染色体工程育种新体系。开创了小麦氮、磷营养高效利用的育种新方向。开辟了提高氮、磷吸收和利用效率的小麦育种新领域。提出了以"少投入、多产出、保护环境、持续发展"为目标的育种新方向。作为农业发展战略专家,大力推动中国走主粮自给的道路。

星荣誉　1978 年获全国科学大会奖。1983 年获陕西科技成果奖一等奖。1985 年获国家科技发明奖一等奖。1986 年获陕西科学技术进步奖特等荣誉奖。1989 年获陈嘉庚农业科学奖。1990 年当选第三世界科学院院士。1991 年当选中国科学院学部委员(院士)。2005 年获农业部中华农业英才奖。2006 年获 2005 年度国家最高科学技术奖。

星金句　做人:严以律己,宽以待人。做事:大处着眼,小处着手。

小麦丰收的功臣

中国人能吃饱饭,要感谢两个人,一个是研究杂交水稻的袁隆平,另一个就是研究杂交小麦的李振声。

被生活逼到穷困潦倒边缘的穷孩子,突然成了大学生!这在旧中国简直是个奇迹,而这个奇迹就发生在李振声身上。在李振

声的记忆里,父亲一直体弱多病。他小小年纪,就得经常跑药店给父亲买药。虽然家境不富裕,他却有良好的家教。他家挂有两副对联,一副是"知足者常乐,能忍者自安",另一副是"聚钱财莫如为善,振家声还是读书"。从这里也可看出父母为他取名时,就希望他多读书。13岁时,父亲不幸撒手人寰,亏得有在店铺里当伙计的哥哥和亲友的周济,李振声才勉强读到了高二。辍学后的他来到济南找工作,偶然间,他看到山东农学院门口贴着招生告示,其中竟有"免费食宿"一条。既能上大学,又不用操心吃饭和住宿,天下竟有这等好事?于是他立刻报了名,并且顺利地通过考试,他也因此成了家中第一个大学生。

1951年,李振声从山东农学院毕业时,正逢新中国百废待兴之际,各行各业都需要人才,尤其是有关农业的科研单位更是如此,因为只有解决了人民群众的温饱问题,才谈得上建设强大的祖国。在这种背景下,李振声走上了科研岗位。50年代中期,中国的小麦经常发生一种条锈病。这种病很难治,人称"小麦的癌症",会导致粮食大幅减产。李振声幼时就看到过旧中国老百姓在饥饿中挣扎的惨状,1942年,山东等地大旱,灾荒严重,穷人只能外出讨饭,甚至卖儿卖女。当时只有11岁的李振声也尝到了挨饿的滋味,父亲也就是在这时病倒的。有了这段经历,上了农学院的李振声就痛下决心,学好本领,让中国的老百姓不再挨饿。

现在,面对"小麦癌症"怎么办?他想,是不是可以从遗传育种的角度去解决问题呢?原来,小麦的老祖宗并不是我们现在见到的这个样子。九千多年前,小麦的穗只结一粒籽,不用说,产量很低。后来,这种非常原始的"小麦祖宗"和一种山羊草发生了天然杂交,杂交后的小麦穗上居然长出了两粒籽,虽然和我们现在的小麦相差得还是太远,但毕竟比原来的"小麦祖宗"的产量提高了。大自然真是造化神奇,常常做些我们预料不到的事情,这种两粒籽的小麦,到了公元前五千年左右,居然又和另一种山羊草发生了天然杂交,这才有了我们现在看到的每个穗能结十五六粒籽的小麦。而且,原来的"小麦祖宗"磨成面粉后,不能发酵,只能烤死面饼,也就是说,不能做成我们今天爱吃的馒头、面包,而第二次和山羊草杂交后,再磨出的面粉就能发酵了,这才有了香喷喷的馒头和面包。

李振声想到了小麦经过二次自然杂交发展到现在的例子,就想:"能不能让小麦和抗条锈病的植物再一次杂交,令它脱胎换骨,变成既能抗条锈病,同时又高产又好吃的小麦新品种呢?"

这个想法很好,但是做起来很难,因为首先要找到能够抗条锈病的植物,同时它还能和我们现在的小麦杂交。好在李振声曾经和其他科学家一起做过一项科研工作,就是细致地研究了800多种牧草。现在,这个科研成果派上用场了。李振声对这些牧草的习性非常了解,他通过多次试验,最后选中了一种长穗偃麦草。不过,长穗偃麦草和小麦要进行杂交,仍是很困难的事,因为它们的亲缘关系很远。亲缘关系越远,杂交的成功率越低。这种亲缘关系很远的品种杂交叫作"远缘杂交",长穗偃麦草和小麦的杂交就属于远缘杂交。最终李振声攻克了这道难关,把长穗偃麦草的抗病性能成功地转移到了小麦身上。科研工作往往是关隘重重,抗病性能是提高了,可杂交品种不能繁殖后代,那它的优良品质就无法遗传下去。怎么办?李振声又开始了艰苦的攻关。

经过了近20年的艰苦攻关,他终于选育出了既抗病又高产还好吃的杂交小麦新品种"小偃4号""小偃5号""小偃6号"等。又以"小偃6号"作为亲本培育了近50个新的小麦品种,这些小麦品种的共同特点是抗病性强,产量高,磨出来的面粉也好吃,非常受农民的欢迎,他们甚至说:"要吃面,种小偃。"

但是,硕果累累的李振声还不甘心,让中国小麦丰产的雄心壮志驱使他砥砺前行。他感觉用20年时间培育新品种,这时间太长了。于是他引进了国外的新方法,只用了三年半时间就育成了新的小麦品种。中国的抗病优质小麦的种植面积从此更是大幅扩大,为了让中国人民吃得饱、吃得好,他做出了新贡献。

李振声不只致力于培育抗病高产的优质小麦品种,他还非常关心中国的粮食安全问题。从1998年开始,他发现中国的粮食种植面积越来越少。这是什么原因呢? 原来是有一些人认为,如果把种粮食的地用来做房地产,可以赚很多钱。有了钱,就可以进口粮食,比自己种粮要合算。对这种说法,李振声进行了严厉的批驳。他问道:"如果粮食都从国外买,打起仗来怎么办?"他的担忧是非常有道理的。即使不打仗,粮食掌握在外国人手中,哪一天卡我们的脖子怎么办? 因此一定要保证我们国家的粮食安全。党和政府高度重视他的意见,并且推出了一系列有力的措施。现在,我国一直保持着18亿亩耕地的红线,我国的粮食也能够自给自足。但是,中国的农业还面临着许多问题,还需要一代又一代像李振声这样的科学家和一代又一代有知识、有理想、有志气的新型农民来解决。

（边东子）

星人物	王永志	星编号	46669
发现日	1996-6-6	命名日	2010-5-4

发现者　中国科学院国家天文台施密特CCD小行星项目组

航天常胜星——王永志　航天新长征路上的英雄

王永志(1932-11-17~　　)，中国共产党党员。辽宁昌图人。航天技术专家。1952年考入清华大学航空系，1961年毕业于莫斯科航空学院火箭与导弹设计专业。曾任中国运载火箭技术研究院院长，清华大学航天航空学院院长等职。现任中国载人航天工程高级顾问，清华大学航天航空学院荣誉院长。

星成就　　中国载人航天开创者之一和学术、技术带头人。作为
　　　　　总设计师或总指挥,主持研制了中国第二代液体远程
　　　　　战略导弹、固体远程战略导弹和地地战术导弹,主持研
　　　　　制了"长征三号甲"和"长征二号E"捆绑式运载火箭。
　　　　　参加"神舟"系列飞船的设计研制工作。主持了包括
　　　　　"神舟五号""神舟六号"载人航天飞行在内的多项重大
　　　　　航天工程,为实现中华民族飞天的历史性突破做出了
　　　　　重大贡献。

星荣誉　　1978年获全国科学大会奖。1985年获国家科学技术
　　　　　进步奖特等奖。1992年当选国际宇航科学院院士。
　　　　　1994年当选中国工程院院士。1997年获国家科学技
　　　　　术进步奖一等奖两项。1999年获解放军专业技术重
　　　　　大贡献奖。2004年获2003年度国家最高科学技术
　　　　　奖。2005年被中央军委授予"载人航天功勋科学家"
　　　　　荣誉称号。2014年9月被太空探索者协会授予水晶头
　　　　　盔奖。2019年被授予"最美奋斗者"称号。

星金句　　我国航天工程在党中央的坚强领导下,在广大航天科
　　　　　技工作者的不懈努力下完成了历史性跨越,我个人只
　　　　　是认真地完成了党交办的任务,起了很小一部分作用。

航天新长征路上的英雄

　　1964年6月29日,中国自主研发的中近程导弹"东风二号甲"

在酒泉基地准备发射,不料在给火箭加注燃料时突然发现,因为戈壁滩白天气温高,燃料在高温下体积膨胀,所以燃料箱装不下足够的燃料,这样导弹也就飞不到预定的距离了。

怎么办?专家们提出了各种方案,但都不可行。正在这时,一名年轻的中尉挺身而出。他提出,把燃料卸掉半吨,就可以解决问题。明明燃料不够,还要卸掉,这不是荒唐吗?而且,参与决策的有不少顶级专家,还有好几位将军,一个小小的中尉说话哪会有人听?可这个年轻人竟直接找到了钱学森,说了一番这样做的理由。钱学森听完,立刻拍板:"那就按你的来。"结果,导弹果然在预定距离准确命中目标。这位既能够解决难题,又敢于坚持己见的中尉就是王永志。

2003年10月16日6时23分,我国第一艘载人航天飞船"神舟五号"成功返回地面,遨游太空的杨利伟走出舱门向大家挥手致意。那一刻,举国欢腾。这时,已经成为中国载人航天工程总设计师的王永志激动得热泪盈眶。他说:"一看他健康地出来了,我心里这一块石头就落地了。我们已经奋斗了十一年,这十一年完全是埋头苦干,不登报,不上电视,谁都不知道中国怎么干,自己人都不知道!经过这些年的奋斗,我们终于成功了,所以我的心情是百感交集,很激动,眼圈也红了!"

从家境贫寒的农家子弟到发射场上的"常胜将军",在这条漫长的"登天"之路上,留下了王永志执着攀登的印迹。

那是1939年,正月十六的清晨,大哥带着不满7岁的王永志,到离家四千米外的小学报了名。没钱住校,他就每天走读,回家还要帮忙家里干农活,但是王永志的成绩始终名列前茅。

1945年日本投降后，八路军在辽宁昌图开办了中学，贫寒家庭的孩子可以免费上学，王永志得以重返课堂。1949年初春，不满17岁的王永志就秘密加入了中国共产党。50年代初，王永志正在读高中，朝鲜战争的爆发，让他意识到国防的重要性。在他的心中，飞机是最尖端的武器。因此，他于1952年考入了清华大学航空系。

1955年，23岁的王永志顺利通过留学考试，从北京坐了七天八夜的火车来到莫斯科，就读于世界著名的莫斯科航空学院，在那里学了两年飞机设计。正当渐入佳境时，他忽然接到大使馆通知，根据中苏两国有关协议，苏联首次向外国留学生开放火箭与导弹设计专业，他被选为转学该专业的八名中国留学生之一。

历经数载深造，1961年3月，王永志以中国第一位火箭导弹设计专业留苏毕业生的身份，登上了归国的列车。回国后，王永志立刻被分配至负责火箭与导弹研究的国防部第五研究院，参与总体设计工作。

1978年，随着科学春天的来临，中国航天史也翻开了新的一页，轻量化、能机动发射的第二代远程导弹进入研制阶段。当时钱学森建议，第二代导弹应该让第二代人挂帅，王永志因而当上了总设计师。

1986年，时任中国运载火箭技术研究院院长的王永志，有了一个"冒险"的想法：以"长征二号"火箭为芯级，捆绑4个助推器，使火箭运载能力从2.5吨一下子提高到8.8吨，这就是后来大放异彩的"长二捆"——"长征二号E"捆绑式运载火箭。1990年7月16日，"长二捆"一举发射成功，实际运载能力达到9.2吨。从此，中国火箭运载能力翻了近两番,成功进入国际市场。

王永志曾说:"这就标志着中国有大火箭了! 中国航天也是国际级的水平了! 这件事搞成以后,也为以后我们中国启动载人航天工程打下了基础,因为火箭已经有了!"

经过长达五年的反复论证,1992年9月21日,中国载人航天工程正式立项。同年11月,60岁的王永志出任载人航天工程总设计师。他力排众议,在飞船设计中直接采用了由轨道舱、返回舱和推进舱组成的三舱式飞船方案。

漫漫十年磨一剑,2003年10月16日6时23分,中国第一艘载人航天飞船"神舟五号"在内蒙古成功着陆,中国的载人航天事业迈出了一大步。

紧接着,2005年10月12日,王永志和他率领的团队将三位航天员送入太空,"神舟六号"圆满完成任务。2007年,王永志又开始主持制定中国载人空间站工程实施方案。

中国载人航天的崭新高度被一次次刻在浩瀚天穹,也正是由于对航天事业的贡献,王永志荣获国家最高科学技术奖、全国科学大会奖、国家科学技术进步奖等多项大奖。2005年,王永志被中央军委授予"载人航天功勋科学家"荣誉称号。

(王佳雯)

星人物	陈景润	星编号	7681
发现日	1996-12-24	命名日	1999-10-26
发现者	中国科学院国家天文台施密特CCD小行星项目组		

勇摘明珠的数学之星——陈景润

摘取数学王冠上明珠的人

陈景润（1933-5-22～1996-3-19），福建福州人。著名数学家。中国科学院数学研究所研究员。

星成就   对哥德巴赫猜想研究有重大贡献。

星荣誉   1980年当选中国科学院学部委员（院士）。1982年获国家
        自然科学奖一等奖。1992年获华罗庚数学奖。

星金句   人生的目的是奉献，不是索取。

摘取数学王冠上明珠的人

1742年，一位名叫哥德巴赫的德国数学家提出了一个猜想：凡是大于2的偶数，一定可以表示为两个素数之和。如：4=2+2，6=3+3，8=3+5，……这就是著名的"哥德巴赫猜想"。哥德巴赫进行了多次验证，结果都和他的猜想一致，但数学是科学，是要有严密证明的，哥德巴赫却无法证明。他曾向著名的大数学家欧拉请教，可是欧拉至死也没能证明出来。这样一来，更引起了数学家们的兴趣，于是成千上万的数学家都向这个猜想发起了挑战。人们这才发现，它看起来简单得像一道小学生算术题，要证明它却是复杂至极。于是，有人就称哥德巴赫猜想是"数学王冠上的明珠"，有人甚至认为以现代人的头脑根本不可能证明它。

200多年后，在中国福州一所叫英华书院的学校里，一名身材瘦削、个子不高的学生听完老师讲的有关哥德巴赫猜想的故事，就有了跃跃欲试的感觉。这个学生就是陈景润，他对数学的兴趣也骤然增加了。虽然只是个高中生，他却从图书馆借了许多大学的数学书阅读，其中有《微积分学》《高等代数引论》以及《郝克士大代数学》，甚至还有《达夫物理学》《实用力学》，等等。可以看

出，从这时起他就准备摘取数学王冠上的明珠了。

他后来进入厦门大学数学系学习。毕业后，他被分配到北京一所中学教书，可他不善于口头表达，讲课时是"茶壶里煮饺子——肚里有货倒(道)不出"，最后，竟被这所学校辞退了。回到福州后，为了能生活下去，他只好摆了一个小租书摊，靠向小朋友出租连环画(又叫小人书)勉强维持生活。幸亏厦门大学校长王亚南、校党委书记陆维特爱才惜才，请他回到厦门大学暂时在图书馆从事图书管理工作。这对他来说，真是如鱼得水，在这里，他可以大量阅读数学书籍，专心进行数学研究。不久，他的数学才华得到了著名数学家华罗庚的赏识。1957年，华罗庚把他调到了中国科学院数学研究所。他在"球内整点问题""华林问题"上都做出了很好的成果，发表了论文。但他心中至高无上的目标却是摘取那颗数学王冠上的明珠。从此，为了避开纷繁杂乱的干扰，他把自己关在一间仅有6平方米的小屋子里，每天进行着大量的复杂计算。这间斗室中，除了一张木板床、一只小板凳外，就只有吊在屋顶下的一个小电灯泡，用一点昏黄的光陪伴着他。

一个个春来秋去，就在这样的环境中，他演算过的草稿纸竟然装满了五个麻袋。那时，中国的电子计算机数量不多，计算能力也不够强大。而在此之前，外国数学家曾经把哥德巴赫猜想的证明推进到了"1+3"。但他们使用的是大型计算机，而陈景润只凭着笔、纸和大脑，就拿出了一篇长200多页的论文，证明了"1+2"，离最终摘取数学王冠上的明珠，只有一步之遥。我国著名数学家闵嗣鹤先生仔细审阅了陈景润的论文后，给予了肯定，同时也指出了他的证明过程还应当简化。1966年5月15日出版的《科学通报》发表了这篇论文。陈景润一拿到这期通报，就在封面上写下了：

　　敬爱的闵老师：

　　非常感谢您对学生的长期指导，特别是对本文的详细指导。

学生陈景润敬礼

1966.5.19

接着，陈景润又开始了艰苦的探索，以简化证明过程。不料，正在这时，"文化大革命"开始了。有人把他当作"白专典型"批判，他的身心都受到伤害。后来，当境遇有了一些改善时，他又立刻回到那间6平方米的斗室中，继续去摘取那颗明珠。

一个夜晚，陈景润正在进行数学推演，突然，几个人闯进他的房间，他们指着那盏灯说："别的地方需要电灯，我们要把它拿走。"说完，他们剪断了电线，把灯头和灯泡都拿走了。

陈景润很无奈，只好点起了一盏小小的煤油灯，凑着微弱的光，继续去攻克那道世界级难题——哥德巴赫猜想。

不过，油灯的油是会烧干的，陈景润的身体也在艰苦的工作中不断损耗，他的病越来越多，越来越重。但他不顾医生的劝告，没有走进病房，而是仍躲在他的斗室中继续他的推算。

1972年，他的论文终于写成了。这篇有关"1+2"的证明被送交闵嗣鹤和王元审查。证明过"3+2"的王元和陈景润从早晨到晚上整整讨论了三天，最后确认陈景润的证明是准确无误的。闵嗣鹤抱病认真审查之后，也支持发表这篇论文。

1973年3月15日，陈景润在《中国科学》上发表了"1+2"的详细证明,他还在论文中对华罗庚、闵嗣鹤和王元表示感谢。

　　陈景润成功了！他的论文被公认为是对哥德巴赫猜想的重大贡献。国际数学界把他的论证称为"陈氏定理",著名作家徐迟根据他的经历创作了报告文学《哥德巴赫猜想》,中国人民解放军海军还把一艘科学考察船命名为"陈景润号"。陈景润的名字为千家万户所知晓,他也成了鼓励中国青少年和科技人员奋进的榜样。虽然陈景润已经永远离开了我们,但用他的名字命名的小行星还会永远和我们在一起,激励中国的数学家最终摘取那颗数学王冠上的明珠,鼓励着中国的青少年掌握好数学这把打开科学之门的钥匙。

(边东子)

星人物	曲钦岳	星编号	3513
发现日	1965-10-16	命名日	1999-7-8
发现者	中国科学院紫金山天文台		

天文教育之星——曲钦岳 南大校长是颗星

曲钦岳(1935-5-21~　　),出生于山东烟台。天体物理学家、教育家。1957年从南京大学天文系毕业后留校任教,历任系主任、校长等职。现任中国天文学会名誉理事长。第七届、第八届全国人民代表大会代表。

星成就　中国最早在高能天体物理学领域进行研究的天文学家之一。在中子星、X射线源、γ射线源等前沿领域取得一系列研究成果。在担任校长期间,南京大学成为国家首批"211工程"重点建设高校之一。

星荣誉　1980年当选中国科学院学部委员(院士)。1984年获"中青年有突出贡献的专家"称号。1985年获国家教委科技进步奖二等奖。1987年获国家自然科学奖。1990年当选第三世界科学院院士。1997年获国家级教学成果奖二等奖。1999年获教育部科技进步奖一等奖和国家自然科学奖。获美国印第安纳大学奖章和奖状,美国Seaton Hill学院名誉博士。

星金句　敢想敢干,有所作为。绝不能因为害怕走错一步而徘徊不前!

南大校长是颗星

从1957年毕业后留校担任助教,到1984年出任南京大学校长,曲钦岳与南京大学有着不解之缘。他是中国最早驰骋在高能天体物理学这一新兴学科中的科学家之一。

1958年,南京大学开始筹建中国第一座太阳塔,曲钦岳参加了太阳塔的研制工作。太阳塔又称塔式太阳望远镜,是专门用于观测太阳的天文设备。在方案论证时,曲钦岳发现太阳塔转像镜部分的设计有问题,他就此与主持整个设计工作的苏联专家据理

力争,苏联专家最终承认并修正了设计方案中的错误,保证了太阳塔研制任务的顺利完成。那时敢和苏联专家争论,不仅得有深厚的学术功底,还得有胆量。

1962年,曲钦岳和他的夫人汪珍如发现当时的理论天体物理权威、苏联的索波列夫提出的"β型发射星谱线"的理论有错误和疏漏,他们分析了导致错误的原因,并得出了正确的结论。这个研究成果发表后,很快被《高等学校自然科学学报》全文转载。

在南京大学任教时,曲钦岳和一些中青年教师在天文系主任戴文赛的支持与指导下,与中国科学院紫金山天文台的研究人员合办了"南方天体物理讨论班"。他们坚持每两周研讨一次,先后写出一批高质量论文,推动了中国天体物理学的发展。

曲钦岳是中国在高能天体物理领域从事研究工作的先驱者之一,在中子星、X射线源、γ射线源、脉冲星和超新星等前沿领域取得了一系列研究成果。例如,他的研究终结了国际上关于JP1953是否为中子星的争论。

由于学术研究成果和教学效果都很好,曲钦岳从讲师破格晋升为教授。1980年,他又被选为中国科学院数理学部委员,也就是中国科学院院士,这时他才45岁,是当时我国最年轻的学部委员之一。

20世纪80年代初,南京大学的发展进入了瓶颈期。由于当时中国的国力还不够强,能用来办大学的资金比较有限,南京大学也受到影响。1984年,曲钦岳临危受命,出任南京大学校长。从事科研和教学与当校长之间,差别是很大的。对此,他不是没有犹豫过。他本来已经在天体物理学领域取得了很多很好的成果,可以说是顺风顺水,前途一片光明。如果当了校长,就等于走上了另一条道路,要放弃自己擅长的教学和科研工作,一切都要从头开始。但是想到全校师生对学校前景的焦虑和关切,想到把南京大学这所知名大学办好对国家教育事业的重要意义,想到党组织和全校师生的信任,他感到难以推却这副重担。就这样,曲钦岳成了南京大学的新任校长。

曲钦岳喜欢具有竞争性的体育运动。在青岛一中上学时,他就是班里的足球队守门员,还是百米赛跑的名将。进入南京大学以后,他是天文系田径队的主力队员。在接力赛中,他跑最后一棒,为天文系代表队夺冠立下了汗马功劳。因此,他具有跑接力赛最后一棒的素质,敢于“后来居上”。当了校长之后,他就自觉地给自己施加压力,并且将这种压力转化为前进的动力。

经过三个月的调查研究,曲钦岳领导制订了《南京大学1984—1990年发展规划》。在学科建设方面,他提出“扬优、支重、改老、扶新”八字方针,坚持以学科建设作为学校改革和发展的龙头,推动学校办学水平的提高。

为了南京大学的建设,曲钦岳真是不辞辛苦,呕心沥血。他在北京出差时,不惜挤公交车,在路边小店吃快餐,在政府机关门前的台阶上席地而坐。他这样做是为了给学校省钱,更是为了提高办事效率,尽早解决学校的困难。有人说,这位校长不像是天文系出身的,倒像是地质系毕业在野外实习的。由于他和学校领导班子的真抓实干,以及全校师生的共同努力,南京大学很快就有了改观。据统计,自1992年以来,南京大学被国际权威机构收录进《科学引文索引》的论文数目连续七年位居中国高校首位,被引用论文数也连续八年位居中国高校第一。这些都是衡量论文质量和水平的重要指标。

《光明日报》在一篇题为《南大基础科学研究奇峰突起》的报道中说："近年来国内科技、教育界有关'基础研究在滑坡'的呼声，已是不绝于耳。在这种情况下，南京大学的基础科研能有强劲的上升势头，的确是难能可贵的。"

除了担任南京大学校长之外，曲钦岳还先后被选为第七届、第八届全国人民代表大会代表，他建言献策，不断贡献自己的智慧和见解。1995年，他和苏步青、朱光亚、陈佳洱等11位科学家联署《关于进一步加强和保护基础科学研究和教学人才培养的呼吁书》，提出尽快建立"国家基础科学人才培养基金"等建议，随后获得国务院批准。2012年，他又提出"在继续引进国外留学人才的同时，给予有发展潜质的'土博士'出国深造的机会"等建议，也都得到有关领导的重视和肯定。

1997年，曲钦岳卸任南京大学校长职务。从天体物理学家到教育家，从风华正茂到两鬓飞霜，曲钦岳为学科的发展和高校的崛起殚精竭虑，从来没有一天懈怠过。

尽管他已年近九旬，但他对办学之道的思考和探索仍在继续，他依然在为我国高等教育的发展和改革建言献策，提供智慧和谋略……

（王佳雯）

星人物	王选	星编号	4913
发现日	1965-9-20	命名日	2008-1-31
发现者	中国科学院紫金山天文台		

汉字的救星——王选 当代"毕昇"

王选(1937-2-5～2006-2-13)，江苏无锡人，出生于上海。著名科学家、社会活动家。当代中国印刷业革命的先行者，被媒体称为"汉字激光照排系统之父"和"当代毕昇"。1958年毕业于北京大学数学力学系。历任北京大学计算机研究所所长，文字信息处理国家重点实验室、电子出版新技术国家工程研究中心主任，北大方正技术研究院院长，方正控股有限公司董事局主席、首席科技顾问，中国科学技术协会副主席等职。曾任九三学社中央副主席。

星成就　　汉字激光照排系统的创始人。

星荣誉　　1985年至1987年三年里分别获中国十大科技成就奖、国家科学技术进步奖一等奖、北京市科技进步奖一等奖、首届毕昇奖等奖项。1991年当选中国科学院学部委员（院士）。1994年当选中国工程院院士。1995年获何梁何利基金科学与技术进步奖和国家科学技术进步奖一等奖。2002年获2001年度国家最高科学技术奖。2009年获"新中国60年杰出出版家"称号，入选"共和国60年影响中国经济60人"，同年入选"100位新中国成立以来感动中国人物"。2018年被授予"改革先锋"称号。2019年被评选为"最美奋斗者"。

星金句　　振兴中华首先要振兴科技，关键还得靠自己，要自己创新，才能振兴中华。

当 代 "毕 昇"

　　印刷术是中国古代的四大发明之一。据宋代沈括的《梦溪笔谈》记载，公元11世纪中叶，一位叫毕昇的人发明了活字印刷，因此中国是毋庸置疑的活字印刷的起源地。那时，中国的印刷技术雄踞世界领先地位。到了近代，因为旧中国的落后和帝国主义的侵略，中国的印刷技术渐渐落后了。当世界进入计算机时代以后，这种差距就更明显了。科技先进的国家已经采用电脑排版印刷书报了，而中国还在由工人师傅一个一个地拣铅字，又慢又累，

质量还不高。是人们不想用电脑处理汉字吗？当然不是。因为要让电脑处理汉字实在太困难了。英文有26个字母，算上大小写一共也只有52个字母，而汉字仅常用字就有3000多个，要是想满足印刷书报的需要，少的也要有六七千字，再加上十几种字号和不同的字体，起码要占几千兆的内存。而当时的电脑内存只有区区的64千字节，加上当时最大的外部存储器，也不过6兆字节左右。这就好比在只能住几十个人的房间中，硬要塞进几千人一样，是根本不可能的事。

面对这个难以破解的难题，有人悲观地认为：中国要想实现现代化，只能废除汉字，改用拼音。甚至有人说，计算机时代的到来，就是汉字末日的来临。

废除汉字，改用拼音，不仅让中国人从情感上接受不了，而且拼音也无法分清汉字中的同音异义字，更表达不了中国古典文学作品的深刻含意，若真是如此，中国优秀的传统文化就有可能"绝后"，而汉字似乎就要被关在信息时代的大门之外了。

为了解决汉字电脑排版印刷的难题，我国于1974年8月设立了国家重点科技攻关项目——"748工程"。这个工程包括多个任务，王选承担的正是其中最重要、最困难的"汉字精密照排"部分。为此，他首先要攻克让电脑存取汉字的难关。

要完成这样艰巨的任务，本应当有一个好身体，可彼时的王选患有一种罕见的疾病，叫作"结节性动脉周围炎"。即便如此，为了攻克汉字处理的难关，他也每天都拖着虚弱的身体挤公共汽车去科技情报所查阅中外文献。从北京大学到科技情报所，车费是二角五分，少坐一站就可以节省五分钱。为了节省开支，王选总是提前一站下车，再走到情报所。那些外文杂志，他经常是第一个借阅者，为了省钱，他很少复印，而是在随身携带的笔记本上，认真细致地做记录。

为了攻克电脑处理汉字的难关，王选像着了魔似的研究字典，有时会对着一个汉字上的一个点盯上半天。他的夫人陈堃銶叫他吃饭，他都听不见。夫人想劝他休息一下，可是根本办不到。最后，他的夫人只好被他"拉下水"，和他一起研究电脑处理汉字的问题。好在他的夫人不仅和他是北京大学同专业的同学，还与他一起研究过计算机语言。有相当长一段时间，这夫妻二人因为投入到研究中，竟没有度过一个完整的假日。

当时国内外也有人研究电脑处理汉字的问题。不过，他们用的都是模拟方式，信息量大，没有发展前途。王选坚决选择了数字化处理的方式。用数字化处理，就要解决算法问题。如果算法问题解决得好，一个本来需要用一年时间才能解决的问题，可能只要短短的几分钟就解决了。

王选在研究中发现，汉字虽然繁多，但每个汉字都是由许多点组成的，因此可以用点阵组成汉字；汉字又可以分解成横、竖、折和撇、捺、点、勾等不同的笔画。根据这个发现，他决定用压缩算法，让汉字"瘦身"，这样就比较容易把汉字放进电脑的存储器中，然后再把压缩的字体通过复杂的算法还原，让它现出原形。他马上把自己的想法告诉了夫人，并且得到了夫人的赞许。

从那以后，王选带领他的团队，夜以继日地工作，寻找把汉字分解、压缩再还原的办法，并且取得了成功。王选创新的算法，将汉字的存储量压缩到只有原来的五百分之一，真的让本来只能容纳几十人的房间住进了几千人。同时，用他创新的算法，又可以随意将汉字变大变小，变粗变细，不仅不变形，还能变化成各种字体，比铅字的字体要多得多，真正实现了汉字处理的数字化。

　　攻下电脑处理汉字的难关，王选又设计出汉字处理的专用芯片，并且开创性地研制出国内外市场上都没有的激光照排机。那时，中国的印刷厂还在使用铅字印刷。首先需要把铅用火熔化，铸造成一个个的铅字，再由排版工人按照文稿一个字一个字地排好版，然后上印刷机印刷。这种工艺不但效率低下、工作量巨大，而且对环境和工人身体还有一定的损害。有了王选发明的汉字激光照排系统，过去几个月才能印制出来的书，现在只要几天就能完成，而且大大改善了工作条件，也保护了环境。中国的印刷从此告别了铅与火的时代，进入了光和电的时代，实现了历史性跨越。在汉字激光照排领域，中国又走到了世界的前列。王选的激光照排系统因此被称为"汉字印刷术的第二次发明"，王选也被称作"当代毕昇"。

（张文静）

星人物	陈建生	星编号	33000
发现日	1997-2-11	命名日	2008-5-24
发现者	中国科学院国家天文台		

寻星之星——陈建生 巡天与寻星

陈建生(1938-7-8～),福建福州人。天体物理学家。北京大学毕业。现任北京大学天文系主任,中国科学院国家天文台研究员,中国科学院数理学部副主任,中国科学院北京天体物理中心主任。当选国家自然科学奖等国家级奖项评审组专家,国务院学位委员会及人事部博士后专家组成员。

星成就　与其他学者合作确证了高红移宇宙空间原始氢云的存在。在中国率先开展类星体物端棱镜巡天,发现上千个类星体候选者。首次提出并与同事一起实现了在施密特望远镜上用CCD进行多天体同时快速测光的方法,开辟了一条大样本天文研究的新途径。现领导BATC CCD多色巡天计划。

星荣誉　1991年当选中国科学院学部委员(院士)。1998年获中国科学院自然科学与科技进步奖一等奖。2000年获何梁何利基金科学与技术进步奖。

星金句　中国要跟上时代前进的步伐,就不能身体进入21世纪而脑袋还停留在过去。

巡天与寻星

　　阅读本书时,你可能会有这样的疑问,在小行星的发现者中,为什么常常会出现"中国科学院国家天文台施密特CCD小行星项目组"?原来,这背后就有陈建生的故事。

　　陈建生数学、物理成绩十分优秀,高中时就曾在武汉大学数学系的《数学杂志》上发表学术论文《圆内线段及面积的中外比》,显示出他在数理学科上的天赋。1957年,他以全国高考状元的身份进入北京大学物理系,而且他的高考作文竟拿了满分,这在当时是一件十分轰动的事。

　　大学毕业时,因成绩优异,他被分配到中国科学院北京天文

台,开始了观天文、看星星的生涯。

当时,北京天文台还处在筹建阶段,陈建生迎来了工作后的第一个考验——为天文台观测点选址。确定天文台观测点,不是一件容易的事情。在陈建生参加这项工作之前,程茂兰等老前辈已经做了五年的前期工作。初步选定的台址要定点连续监测三年,并且采集这三年的数据,才可以最终确定具体观测点。为了把这项繁重、艰苦又单调的工作做好,毕业后的第一个春节,陈建生是在山上度过的。

经过陈建生和同事们的艰苦努力,天文台的观测点最终选定在河北省兴隆县一座海拔960多米的小山上。当时,上山没有路,又多又重的仪器设备只能靠人背肩扛运上山,还要在丛生的荆棘中开辟出道路来。为了安装望远镜,陈建生和同事们既当装卸工,又当电工,还得自己调试设备。此外,还要自己盖房,自己种菜,自己到山下拉煤好回来做饭,至于自来水就更别想了,只能自己到半山腰挑水。总之,一切都要自力更生。虽然困难一个接着一个,但陈建生和他的同伴们却干得热火朝天。

即使一切就绪后,工作也很艰苦。由于天文观测必须在夜间进行,山上最冷时气温低于-30℃,陈建生必须待在与室外同温度的圆顶观测室内,在不离不弃的北风的"陪伴"下,连续观测十几个小时。他握着当时还是宝贝的德国60厘米口径施密特望远镜的手柄,就像抓着个冰疙瘩。

1979年,陈建生作为中国天文界第一批出国访问学者,被派往澳大利亚英澳天文台工作,随后,又相继到享誉世界的欧洲南方天文台等十多个国家的天文台工作和访问。他研究的课题是类星体及类星体吸收线光谱,这是当时国际天体物理研究领域的热点,他也成为世界上最早涉足这个领域的天文学家之一。

在多年的国外工作经历中,陈建生认识到发展大型精密天文设备与新成果的取得密切相关,于是开始思考如何发展中国的天体物理学,尤其是如何发展和利用大型精密天文设备。

经过反复论证和思考,陈建生和同事们认为,只要挑选既有鲜明科学意义,又切实可行的项目,扬长避短,便可在较短的时间内取得高质量的阶段性成果,于是陈建生提出了发展大尺度、大样本、大视场天文学的战略思想。这种做法也被称为"巡天"。可当时的中国国力有限,研制新型大型科学装置,无论是资金还是时间都不允许。富有创新精神的陈建生,想起了天文台那台已经陈旧了的德国制60厘米口径施密特天文望远镜,决定让这个已经失宠的宝贝焕发青春。当时,陈建生领导的课题组与美国里克天文台联合研制的 2048×2048 像素的大面积CCD已经完成,他就将施密特天文望远镜和CCD系统结合在一起,构成极富创新特色的大视场、高精度、高分辨率的大样本天体光谱巡天系统。施密特CCD天文望远镜的改造成功,将我国天文观测水平提升到一个新的高度,而所花费的资金仅为国际市场价格的三分之一。这一创造性的改造令国际同行刮目相看,美国亚利桑那大学天文系的 D. 伯斯坦教授称它是"国际上极具竞争力的系统"。

此后,陈建生又在大学天文教育上投入了很多时间和精力。1999年,他创办了由中国科学院和北京大学合办的天文系,他亲任系主任。他还积极为北京大学天文系引进人才,让这所历史悠久的名校有了一个实力雄厚的天文系。2008年,陈建生又为北京大学向"科维理基金会"申请创办了北京大学科维理天文与天体物理研究所。这个基金会目前在全球范围内建立了15个研究所,都设在国际知名大学。

借助陈建生开创的施密特CCD系统,他和他的团队迄今为止共发现了1400多颗小行星,在当今世界排行榜上名列第四。这些小行星有以中国历史名人的名字命名的,如"林则徐星";有以中国的地域命名的,如"福州星";有以学校命名的,如"北京大学星";自然也有许多是以中国著名科学家的名字命名的。为了感谢这位巡天、寻星的天文学家,人们也将国际永久编号为33000的小行星命名为"陈建生星",他当之无愧。

（边东子）

星人物	叶培建	星编号	456677
发现日	2007-9-11	命名日	2017-1-12
发现者	中国科学院紫金山天文台盱眙观测站		

"鹊桥"之星——叶培建　深耕航天,步履不停

叶培建(1945-1-29~　　),中国共产党党员。江苏泰兴人。中国空间飞行器总体设计和信息处理专家。浙江大学毕业,1985年获瑞士纳沙泰尔大学科学博士学位。历任航天部五院502所研究室主任,中国空间技术研究院科技委常委,五院计算机技术副总师、总师,中国"资源二号"卫星副总师、总师兼总指挥等。

星成就　曾任第一代传输型对地观测卫星系列总设计师兼总指挥，为第一代长寿命传输型对地观测卫星的研制做出了系统的、创造性的成就和贡献，并任太阳同步轨道平台首席专家。他是"嫦娥"系列各型号总指挥、总设计师顾问，"嫦娥三号"首席科学家。

星荣誉　曾获国家科学技术进步奖特等奖、一等奖，全国五一劳动奖章，"最美奋斗者"等荣誉和称号。2002年获航天基金奖。2003年当选中国科学院院士。2019年被授予"人民科学家"国家荣誉称号。

星金句　宇宙就是个海洋，月亮就是钓鱼岛，火星就是黄岩岛，我们现在能去我们不去，后人要怪我们。别人去了，别人占下来了，你再想去都去不了。

深耕航天，步履不停

2007年10月24日北京时间18时5分，我国"嫦娥一号"月球探测器发射成功。它的成功发射实现了中国探月工程三步走的第一步——绕月。但是这个巨大的胜利却引起了一场争论。原来，中国探月工程有一条规矩：每一个探测器都会同时生产两颗，单数编号的是主星，双数编号的为备份星。这样，即便主星出现故障，发射失利，备份星也能在摸清并解决故障问题后，充当替补，迅速实施发射。有人认为既然"嫦娥一号"已经成功，就没必要再发射"嫦娥二号"了，因为"嫦娥二号"只是一号的备份，但叶

培建力主发射。叶培建是何许人？

作为多个具有开创意义的空间探测器的总师、首席科学家，叶培建从事航天工作50余年，亲历了我国航天事业从无到有、由弱变强的全过程。可以说，他的大半辈子都和中国航天事业的发展紧密相连。

1945年，叶培建出生在江苏泰兴。从读中学起，叶培建就一直是一名优等生。他仅用两年时间就读完了初中的全部课程，被学校保送进浙江省湖州中学。

叶培建的父亲是一位抗日老战士，母亲也是一位老军人，所以在填写大学志愿时，他受父母亲的影响，首选填报了北京航空航天大学、南京航空航天大学，最后却意外地被浙江大学无线电系录取了。虽然没有进入心仪的专业，但是毕业时，叶培建被分配到航天部的卫星总装厂，开始了自己的航天生涯。

工作几年后，他有了继续深造的欲望。1978年，叶培建通过了研究生入学考试，1980年又通过了出国资格外语考试。本来，他想去美国学习，后来在航天科学家、"两弹一星"功勋奖章获得者、"863高科技计划"倡导者之一杨嘉墀的建议下，改赴瑞士的纳沙泰尔大学显微技术研究所攻读博士学位。

在环境优美的瑞士，叶培建学习、生活得很愉快，他的爱人也到了瑞士，当时就有人猜测"小叶不会回国了"，但当1985年获得纳沙泰尔大学的科学博士学位后，他立刻就踏上了回国之路。

回国后他先在航天部五院502所工作，参与了许多重点开发项目。1993年，叶培建任中国"资源二号"卫星有效载荷副总师，开始了在卫星研制领域的工作。1996年，他担任了中国"资源二号"卫星的总师兼总指挥。这颗星是当时最大最重的星，要求具有最高的分辨率、最快的传输速率、最高的姿态精度、最大的存储量，他面临的困难之大毋庸置疑。

1995年，他作为技术负责人参加了深圳股票 VSAT 网的设计，也就是利用卫星做股票交易，取得了显著的经济效益。深圳证券交易所当时曾以年薪40万元的高薪聘请他，却被他谢绝了。

2000年9月，"资源二号"卫星发射圆满成功，并按时在轨移交。

2001年，酝酿很久的中国探月工程正式进入论证阶段，叶培建作为首批核心人员之一参与其中。2004年，探月工程一期立项，叶培建担任"嫦娥一号"探测器的总指挥兼总设计师。2007年，"嫦娥一号"成功绕月，中国探月工程首战告捷。于是，是否还有必要发射"嫦娥二号"，就引起了各方的争议。最后，在叶培建的坚持下，"嫦娥二号"顺利发射，获得了分辨率优于10米的月球表面三维影像、月球物质成分分布图等资料，并最终飞至1亿千米以外，对中国的深空探测能力进行了验证，还为完成后续的落月任务奠定了基础。

2013年，"嫦娥三号"探测器成功在月球上软着陆，并完成月球车巡视的任务。此时，人们对"嫦娥四号"的任务规划产生了争论，争论的焦点是，"嫦娥四号"应当落在月球哪里呢？有人提议仍像"嫦娥三号"一样落在月球正面，也有人认为应当落在月球背面。大家都知道，落在背面的方案科学价值虽高，但风险太大，困难也太大。

此时，叶培建坚持认为中国的探月事业应走到世界的前列，

我们要敢于走别人没走过的路，"嫦娥四号"应该落在月球背面。要知道，这可是对人类的极大挑战，由于月球的自转周期和围绕地球的公转周期是同步的，人类在地球上只能看到月球的正面，看不到月球的背面。直到1959年，苏联发射的"月球三号"环月探测器也只拍到月球背面的照片，让人类看到了月球背面的"真容"，且"月球三号"只是走马观花地围着月球绕几圈就完成了任务。我们对"嫦娥四号"的要求是，在月球上软着陆，并且成为月球的常住客。也就是说，"嫦娥四号"必须同步与地球保持联系，接收地球传去的各种指令，并把了解到的情况传回地球。可是月球总把正面对着地球，无线电波无法传到月球背面去，这样一来，"嫦娥四号"就无法同步和地球取得联系。当年，"月球三号"是运行到月球背面时拍照，等运行到月球正面时再把照片传回地球的，显然，"嫦娥四号"不能这样做。这个问题，美俄都没有解决，中国人敢接受这个挑战吗？中国科学家能解决这个人类从未解决的难题吗？

中国有一句俗话："只要思想不滑坡，办法总比困难多。"在叶培建的引领下，经过集思广益，中国航天科学家想出了一个巧妙的办法，就是发射一颗中继星，让它运行在地球和月球之间的引力平衡点（L2点，又叫"拉格朗日点"）轨道上，它的任务就是作为"嫦娥四号"与地球的"沟通桥梁"——向着陆器和月球车转发地球的指令，同时接收它们发出的信号并传回地球。这样就解决了"嫦娥四号"和地球上的控制中心保持联系的难题。

这颗中继星的轨道为什么要选在这个"拉格朗日（L2）点"上呢？原来，200多年前，法国科学家拉格朗日和瑞士数学家欧拉计算出5个点，在这些点上，地球和月球的引力是平衡的，因此其被称为"拉格朗日L1—L5点"。如果把卫星部署在这5个点上，它相对于地球和月球就基本保持静止，从而能让地球和月球保持很好的联系，就像在它们之间搭起了一座桥一样。富有浪漫色彩的中国科学家还为这颗中继星取了一个浪漫的名字——"鹊桥"。

2018年5月21日，"鹊桥"在西昌卫星发射中心成功发射。通信有了保证，"嫦娥四号"于2018年12月8日发射升空，并于2019年1月3日在月球背面的冯·卡门撞击坑成功软着陆，中国也由此成为世界上第一个登陆月球背面的国家。

在实施探月工程之余，叶培建又把目光放在了火星探测上。青春年华，叶培建投身祖国航天事业；耄耋之年，他仍心系祖国航天梦想。在新中国成立70周年前夕，党和人民授予他"人民科学家"国家荣誉称号。现在,"嫦娥五号"已经完成了探月工程的第三步,带着月球上的土壤,胜利返回地球。凝结着以叶培建为代表的中国科学家的心血,满怀着中国人民期望的"天问号"探测器,已飞到遥远的火星。中国科学家探索星空的脚步永远不会停止,叶培建就是代表。

（王佳雯）

星人物	南仁东	星编号	79694
发现日	1998-9-25	命名日	2016-9-25
发现者	中国科学院国家天文台		

"天眼"之星——南仁东 浩茫宇宙我独览

南仁东（1945-2-19～2017-9-15），满族，吉林辽源人。天文学家。清华大学毕业，获中国科学院研究生院硕士、博士学位。中国科学院国家天文台研究员，FAST工程首席科学家兼总工程师。日本国立天文台客座教授。

星成就　建成了世界上最大的"中国天眼"——500米口径球面射电望远镜（Five-hundred-meter Aperture Spherical Radio Telescope, FAST），是这一工程的发起者、奠基人和建设指挥者。

星荣誉　2017年11月17日，中共中央宣传部追授南仁东"时代楷模"荣誉称号。2019年，习近平主席签署主席令，追授南仁东"人民科学家"国家荣誉称号。2019年被评选为"最美奋斗者"。

星金句　太空以它的神秘和绚丽，召唤我们踏过平庸，进入到无穷的广袤。

浩茫宇宙我独览

在贵州省平塘县的巨大洼地中，有一个硕大的"天眼"，这就是英文名为"FAST"的射电天文望远镜。它那500米口径的凹面天线，如同一只巨大的眼睛，凝望着茫茫宇宙。

在天上有一颗星，也在凝视地球上那个巨大的"天眼"，这就是南仁东星，而南仁东就是"天眼"的创造者、建设者。为了这台世界上最大的射电天文望远镜，他奉献了自己的一生。

中国古代天文学研究曾经居世界领先地位，但是由于封建社会的阻碍和外国列强的干涉、入侵，逐渐落后了。中国的天文学家当然不甘心如此。新中国的成立为科学的发展开辟了广阔的空间，天文学和其他学科一样，得到了迅猛的发展。1995年，北京

天文台研究员南仁东提出："在中国境内建造直径500米、世界最大的单口径射电望远镜。"这是一个既让人振奋，又充满挑战的建议。他要建造的可是世界上最大的射电天文望远镜。这不是要争"第一"的名气，而是因为射电天文望远镜的天线直径越大，就越能接收到宇宙深处的微弱信号，也就是能"看"得更远。

当时，世界上最大的射电天文望远镜是美国的阿雷西博射电望远镜，它位于波多黎各的喀斯特地貌上，直径达305米。射电天文望远镜一般分两大类：一类是跟踪式射电天文望远镜，它的天线可以转动，可以跟踪星星的运动，但天线不可能太大，目前最大的直径为100米左右；另一类是固定式射电天文望远镜，它的天线可以做得很大，但不能转动，只能通过改变天线馈源的位置扫描星空。美国的阿雷西博望远镜和南仁东要建的世界最大单口径射电望远镜，都是固定式望远镜。

南仁东为什么要建这样一个望远镜呢？因为它的作用太大了。阿雷西博射电望远镜就有许多成功的范例，其中最激动人心的成果是1974年两位天文学家泰勒和赫尔斯利用阿雷西博发现了第一个射电脉冲双星系统，并证明观测结果与广义相对论计算结果符合得很好，从而证实了引力波的存在，他俩也因此获得了1993年诺贝尔物理学奖。

阿雷西博的口径为305米，而南仁东想建的是500米口径的射电天文望远镜。可见，它比阿雷西博的能力要大得多，也就是说，天文学家用它就可能会取得更多、更重要的成果。

"一万年太久，只争朝夕。"南仁东为什么这样急于建这个"世界第一"？他不是为了争名次，而是有着更深层的考虑。随着人类科技的发展,无线电的使用越来越普遍。这虽然是进步,但也使全球的电磁环境越来越复杂,或者说是走向了恶化。由于这些纷繁杂乱的电波,对射电天文望远镜造成了很大的干扰;因此,他要在全球电磁波环境继续恶化之前,建成"天眼",让它能尽可能接收更多的来自宇宙深处的微弱而又宝贵的信息。

建造世上最大的射电天文望远镜是巨大的挑战。这是对一个国家科技、工业、资金等综合国力的挑战,也是对南仁东个人的考验。因为要办成这件大事,不仅需要有渊博的天文学知识,而且要熟谙结构力学、机械工程、建筑工程、电子学、地质学……除此之外,还需要有超常的吃苦耐劳、顽强拼搏精神。

因为这个直径500米的"天眼"实在是太大、太重了,如果在平地上支撑它那硕大的天线,不仅施工量太大,耗费资金太多,而且施工时间也太长,何况还有一系列难以处理的其他问题。所以,这类大直径的射电天文望远镜都需要利用地形地貌作为依托。也就是说,要建"天眼",首先就要找到一处合适的地形。阿雷西博望远镜就是依托喀斯特地貌的洼地建造的,中国的大西南有丰富的喀斯特地貌,因此,到那里去寻找"眼窝",就成了南仁东最重要、最迫切的任务。

为"天眼"选址,可不是只靠卫星图和航拍图就能做到的,许多地方必须他亲自踏勘。"天眼"所在的位置必须远离尘嚣,而喀斯特地貌有许多地方是连猴子、羚羊也难攀缘的奇峰峭壁,为观察地形,他必须登上奇峰峻岭;而隐藏在山间的洞穴,还有间歇泉、落水洞、地下河、溶洞、阴潭等,也要一一排查清楚,因为它们对建"天眼"会有影响。为了选址,南仁东几乎走遍了那里的所有洼地。人们说,那时他风尘仆仆、满面沧桑,真像一位住在深山里的老农。直到贵州省平塘县大窝凼的圆形洼坑出现在眼前,南仁东才觉得,此前饱尝的一切艰辛都值了。当工程正式启动后,戴着安全帽,穿一身工作服的南仁东又像一名老工人,奔波在工地,皮肤被晒得黝黑,身体也日渐消瘦,但他精神一直饱满,斗志始终旺盛,虽然癌魔已经悄悄地贴近了他……

2016年9月25日,经过24年、8700多个日日夜夜,500米口径的"天眼"终于建成了,南仁东抱病参加了落成典礼。"天眼"的灵敏度为全球第二大单口径射电望远镜的2.5倍以上。

作为"天眼"的首席科学家、总工程师,南仁东不但为祖国争得了世界第一,更让中国科学家成了世界上看得最远的人,南仁东在世界天文史上留下了新的标杆。

2020年1月,"天眼"通过了国家验收。南仁东却不幸于2017年9月15日晚,永远地闭上了眼睛。那一天,繁星也显得黯淡。

至今,"中国天眼"已发现了超过240颗的脉冲星。凭借它的高灵敏性,还有可能捕捉到宇宙大爆炸时期的原初引力波,当然,还有人们关注的地外文明。而阿雷西博射电望远镜,却因为超期"服役"、缺乏维修经费等原因,在2020年11月坍塌了。因此,国际上的天文学家对"中国天眼"寄予了更大的期望。与此同时,我们更不会忘记让中国人睁大眼看向宇宙深处的南仁东。

(边东子)

后　记

本书策划于庆祝中华人民共和国七十周年华诞之时，写作于全民抗击新冠肺炎疫情期间，成书于大地回春、迎接中国共产党成立一百周年之际。回看本书出版的历程，既有感慨，亦有欣慰，更有期待。

追星，是青少年中存在的一种特有现象，甚至形成了特有的群体——追星族。青少年喜爱演艺明星，本无可厚非，但追什么样的星，为什么追星，却反映了一个人的价值取向。如果学习真正的艺术家"台上一分钟，台下十年功"，把最好的艺术献给人民；学习为国争光的运动员"冬练三九，夏练三伏"，为"更快、更高、更强"努力拼搏，这是好事，是应当鼓励的。但是有一部分青少年追星，只是盲目喜爱明星的外表、举止，甚至置道德、社会责任、做人底线于不顾，只要是明星，就无条件崇拜，不仅迷失了自己，扭曲了人生，而且会对整个社会的价值取向产生不良影响。2020年9月11日，习近平总书记在科学家座谈会上谈到"要广泛宣传科技工作者勇于探索、献身科学的生动事迹。好奇心是人的天性，对科学兴趣的引导和培养要从娃娃抓起，使他们更多了解科学知识，掌握科学方法，形成一大批具备科学家潜质的青少年群体"。正是本着这个宗旨，出版社和作者"同频共振"，一拍即合，决定将这些中国著名的科学家介绍给青少年。

　　浩瀚宇宙,星汉灿烂,用中国的地名、人名、学校名命名的小行星有很多,其中尤以科学家名字命名的小行星为最。但是限于篇幅、出版时间以及其他原因,我们不可能一一收入,本书收入的是截至2019年底,中国现代科学的部分奠基者和引领者,获国家最高科学技术奖、"人民科学家"称号、"两弹一星"功勋奖章和共和国勋章的科学家中,其名字被命名为小行星名的科学家。在人名排序上,我们遵循中华民族敬老尊贤的传统,以长者为上的原则编排。

　　经过两年多的反复打磨,这本并不厚重,却寄托着我们厚望的书终于付梓。其中,有多少不眠之夜,有多少心血汗水,无须多谈,只是我们终于在最应当献出这本书的时候,如期把它奉献给我们的青少年读者,奉献给党的百年华诞。虽然我们明知在浩瀚的书海中,这本书只是一滴水,但我们仍期望它能够发挥应有的作用,让更多的青少年关注书中的"星",追星就追这样的星,做人就做这样的人。

　　本书总摄影为侯艺兵。总撰稿为边东子,参加写作的还有王佳雯、张建民、张文静、李伟格。

　　我们深深感谢杜祥琬院士、赵海斌教授、郑永春研究员为本书作序推荐,感谢曾任中国科学院国家天文台副台长王宜老师的悉心指导。我们还要衷心感谢国家最高科学技术奖获得者、中国科学院院士、中国工程院院士郑哲敏先生抱病为本书写推荐语,编号为12935的小行星就是以他的名字命名的。